有为与有效

周国辉 著

中信出版集团 | 北京

图书在版编目（CIP）数据

有为与有效 / 周国辉著 . -- 北京 : 中信出版社，
2025. 5. -- ISBN 978-7-5217-7550-1

Ⅰ. F124.3

中国国家版本馆 CIP 数据核字第 2025P7W702 号

有为与有效

著者： 周国辉

出版发行：中信出版集团股份有限公司

　　　　　（北京市朝阳区东三环北路 27 号嘉铭中心　邮编　100020）

承印者： 北京联兴盛业印刷股份有限公司

开本：787mm×1092mm　1/16　　印张：16.5　　　字数：170 千字
版次：2025 年 5 月第 1 版　　　　印次：2025 年 5 月第 1 次印刷
书号：ISBN 978-7-5217-7550-1
定价：88.00 元

新质生产力既需要政府超前规划引导、科学政策支持，也需要市场机制调节、企业等微观主体不断创新，是政府"有形之手"和市场"无形之手"共同培育和驱动形成的。

※ 这是习近平总书记 2024 年 1 月 31 日在二十届中央政治局第十一次集体学习时的讲话。

目录

自序

在龙蛇交替的乙巳新春，"杭州六小龙"（即六家处于新技术领域的前沿公司：深度求索、宇树科技、游科互动、云深处科技、强脑科技、群核科技）在 DeepSeek（深度求索）的加持下横空出世，一直持续走热，几乎成了庙堂议事和街谈巷议的必谈话题。在 2025 年 "两会" 期间，从新闻发言人到外交部长、教育部长，再到证监会主席都有论述，代表、委员讨论更多，线上线下信息量足够大，它们已是家喻户晓、尽人皆知的 "现象级" 科创企业，甚至有人说它们是 "国运级" 的科技成果。我既怕 "蹭热度"，又怕 "炒冷饭"，但是出于关注和探究之心，这几个月来也连续发表过一些评述文章，有些肤浅的思考。

"杭州六小龙" 给我最大的启示有如下几点。

一是中国已经站到了人工智能领域的战略要位。这是中国近代以来第一次同正在发生的科技革命深度拥抱，而且取得了巨大的至少是阶段性的成功。"杭州六小龙" 现象引发世人关注，再次表明全球科技版图正在发生结构性变革。党的十八大以来，习近平总书记和党中央关于创新驱动发展的战略思想和自主创新的一系列战略部署，都是完全正确的，成果正在日益显现。我们学习习近平总书记 2025 年年初做出的经济大省要"在推动科技创新和产业创新融合上打头阵"①的指示和一体推进"教育强国、科技强国和人才强国"②的嘱托，应当进一步增强创新自信，坚定创新自觉，坚定不移地走自主创新之路。当然我们要始终保持清醒头脑，正视差距。

二是数据要素正在重构经济范式。数据是新质生产力的核心要素，与其他要素的乘数效应正在日益显现。浙江率先通过 20 多年的数字浙江建设，数字产业和经济发展具有一定的先发优势，要继续保持和发展，促进传统产业的升级提升和未来产业的培育发展。

三是杭州创新集群的涌现自有逻辑。"杭州六小龙"现象具有突发性、爆发性、集群性和地域性的特点，本质上是长期培植创新生态的结果。杭州乃至浙江盛产竹子。竹子发达的地下竹根系统、集群生长爆发和生态自组织性的"竹子定律"，可能可以形容和解释这种现象。杭州将进一步厚植和优化创新生态体系，打造创新创业最具活力的"黑土地"。

四是科技创新要坚持时间辩证法。"杭州六小龙"和其他科技企业的实践都证明，深耕产业，"十年磨一剑"。在坚持正确的科技和产业方向与路径的前提下，专注和长期主义是企业成功的两大法宝。

五是人工智能具有重塑千行百业的神奇魔力。从"马力"时代到"电力"时代，人类的生产生活方式和形态发生了重大而深刻的

---

① 习近平在参加江苏代表团审议时强调：经济大省要挑大梁为全国发展大局作贡献 [N]. 人民日报，2025-03-06(01).

② 习近平在看望参加政协会议的民盟民进教育界委员时强调：强化教育对科技和人才支撑作用 形成人才辈出人尽其才才尽其用生动局面 [N]. 人民日报，2025-03-07(01).

变化。现在正进入"算力"时代，人类的生产生活方式和形态又将开启前所未有的模式。据说，DeepSeek 在金融等领域的应用已经有了意想不到的惊喜。何止金融，人工智能可以把千行百业重做一遍，虽说存在某些不确定性，但只要坚持和把握科技向善的正确导向，人工智能必将重塑产业和人的生活。未来已来，我们应当充满信心。

"杭州六小龙"火爆出圈以后，国内外评述众多。"为什么是杭州？"大家都想一探究竟，且众说纷纭，见仁见智。有人说创新是不能被计划的，是偶然因素。我不这么看。我认为，创新可能不是被计划的，但一定是被哺育、引导和催生的。这是历史事实。作为一个亲历者、见证者和观察者，我切身感受到习近平总书记 20 多年前在浙江亲自擘画的"八八战略"（详见第一章）科教兴省、"数字浙江"部署，在以后历任书记、省长任上得到坚持、践行和发展，一任接着一任干，长期主义的发展战略、规划和政策发挥了重大的引领作用。我感受到浙江坚持"两个毫不动摇"，大力支持和鼓励民营企业转型升级和创新发展，一以贯之地发挥了导向作用。我感受到 10 年前的那场"双创"，政府积极支持和鼓励年轻人创业、大学生创业和互联网创业创新，在浙江形成了创新创业"新四军"，其中有以浙江大学为主体的"高校系"、以阿里巴巴 IPO（首次公开募股）后出来创业的人为代表的"阿里系"、以海外留学高层次人才为主体的"海归系"，还有以"创二代""新生代"为主体的"浙商系"。这是一个庞大的创新创业矩阵，"杭州六小龙"只是它们的代表。在这个创新创业矩阵中，国有和民间的创投资本争当创新天使，发挥了很好的"陪跑员"功能。我还感受到 20 年前的机关效能革命和后续改革，对促进政府职能和作风转变发挥的积极效应，政府甘当"店小二"，无事不扰、有求必应成为浙江干部角色定位和办事的风格。"杭州六小龙"诞生在杭州，具有"金木水火土"①等齐备的创新条件、要素和土壤，有其必然性。

　　一切过往皆为序曲，关键是正确对待、科学总结、因势利导、持续发展。应当看到，在新一轮科技革命的浪潮下，人工智能正接近技术和产业的爆发期，你追我赶、日新月异、不断超越是一种必然。一定要清醒，不能沾沾自喜：新的技术研发越来越表现为多学科、跨区域的合作和协同，"杭州六小龙"的成功有不少来自外省科技人员的贡献和支持。一定要开放包容，不能单打独斗：各地在科技创新上各有强项与优势，特别是如何正确处理政府有为与市场有效的关系，各自都有许多好经验、好做法，浙江要虚心学习兄弟省市的经验。创新生态没有最好，只有更好。一定要虚心，不能自我满足：技术是把双刃剑，要认真研究人工智能技术带来的挑战，因势利导，趋利避害。一定要守住安全底线，不能丧失风险意识。浙江省委的态度十分明确，既要借势借力，更要保持清醒，以更大的力度建设创新浙江，因地制宜地发展新质生产力，推进高质量发展。要大力促进产学研合作，通过科教人一体化改革，进一步打造"产学研用金、才政介美云"的全要素创新生态，促进科技创新和产业创新的深度融合，提高区域科技创新能力和产业竞争力。

---

① 这里的"金木水火土"指的是"人才是金、教育是木、民间资本是水、政府服务是火、城市底蕴是土"。——编者注

中信出版集团具有极强的科技和市场嗅觉，春节过后的第一时间就辗转找到我，希望我担纲此书的创作。经过几天的犹豫和纠结，我决定承接这件可能是自不量力的任务。因为，作为一个亲历者，我很幸运，有责任记录这个伟大的时代；作为一个见证者，我很感恩，应当分享自己的所思所感；作为一个观察者，我也当理性，要尽可能客观地叙述我的所见所闻，哪怕是一孔之见。正是抱着这样的态度，我决定把自己十年来的现实见闻和阶段性的粗浅思考与读者分享。我知道自己的观察站位不高、视野不宽、思考不深，只能作为"杭州六小龙"现象背后密码的一种个性化解读。书中史实如有差误，概由个人负责，与参与写作和提供素材的团队无关。

当下正值江南三月，春雨总是绵密而温润，恰如这方土地孕育的科创浪潮，在静默中积蓄破土的力量。近一个月来，当我在构思和写作本书时，我的内心总是泛起层层的绿意。"杭州六小龙"如雨后春笋般破土而出，既是对"八八战略"20多年深耕的这方热土的深情回应，更预示着中国科技创新生态的深层变革。我热切期待着……

在此书出版前写上这些话，作为自序。

前言

　　2025 年 1 月 27 日，中国大模型发展的历史性一刻。由杭州深度求索人工智能基础技术研究有限公司开发的 DeepSeek AI 智能助手在美区下载榜上力压大语言模型 ChatGPT，冲上苹果中美地区免费 App（应用程序）下载排行榜第一。当天美国三大股指开盘即暴跌，英伟达、微软、谷歌母公司 Alphabet 等美国主要科技股均遭遇股市地震。

　　岁末年初，龙蛇交替之际，"杭州六小龙"横空出世，凭借前沿技术突破、年轻化的团队和全球化市场布局，成为国内外观察浙江科技企业发展的典型样本。正如李强总理 2025 年 3 月 23 日在北京的中国发展高层论坛 2025 年年会开幕式上发表主旨演讲时指出的，"今年春节前后，中国经济涌现出一批现象级的亮点……以'杭州六小龙'等初创企业为代表的科技突破不断涌现，展现了创新创造的巨大能量"①。由此引发了一连串关于杭州、浙江的科技创新生态之问。

　　"杭州六小龙"是何方神圣？深度求索运用算法优势，以极低

---

① 李强出席中国发展高层论坛二〇二五年年会开幕式并发表主旨演讲 [N]. 人民日报，2025-03-24(01).

的成本训练高性能的大模型 DeepSeek V3，这一成果被誉为 AI（人工智能）界的"拼多多"；宇树科技研制的四足机器人，可以跋山涉水、跳高载人，演示视频被马斯克转发后引起轰动；强脑科技研发的脑机接口设备，在杭州第 4 届亚残运会期间协助运动员点燃火炬；游科互动打造的国内首款 3A 级游戏《黑神话：悟空》，打破了国外游戏在 3A 领域的长期垄断；云深处科技的四足机器人在新加坡电力隧道巡检，完成中国机器人海外电力系统应用的首单；群核科技拥有全球最大的可交互三维数据能力，为机器人和其他 AI 应用提供丰富的数据支持。

杭州，这座拥有悠久历史和深厚文化底蕴的城市，一直以西湖等自然人文景观闻名世界，是国内外游客心驰神往的旅游胜地。随着时代的进步和城市的发展，杭州早已从单一的旅游名城，转变为兼具民营经济强市和"全国数字经济第一城"多重身份的综合性都市。

进入千禧年，杭州因为电子商务、阿里巴巴惊艳世界；又过了 20 多年，杭州再一次星光闪耀，这一次，是因为"杭州六小龙"，因为科创热潮。

2016 年 9 月，习近平总书记在杭州二十国集团峰会（G20 峰会）上这样推介他工作生活了 6 年的城市："杭州是创新活力之城，电子商务蓬勃发展，在杭州点击鼠标，联通的是整个世界。杭州也是生态文明之都，山明水秀，晴好雨奇，浸透着江南韵味，凝结着世代匠心。"①

---

① 习近平 . 在杭州点击鼠标，联通的是整个世界 [OL]. [2016-09-03]. http://politics.people.com.cn/n1/2016/0903/c1001-28689043.html.

杭州城市标签的演变，不仅反映了杭州经济形态的迭代升级，更是其在科技革命和产业变革中焕发勃勃生机的写照。杭州正以创新为引擎，为全国乃至全球的创新和发展贡献着重要力量。

"放眼全球，培育了诸多知名科技企业的地区，存在哪些共性？"在深入思考这一问题前，我尝试简单请教一下 DeepSeek，得到的回答有些空泛——"成功并非偶然，而是创新生态系统、资本支持、文化氛围、政策制度、人才储备和基础设施等多方面因素共同作用的结果。"

如果额外附上浙江的情况，作为人工智能的参考，呈现的答案会不会有细微的差别？作为浙江创新生态的亲历者、见证者和观察者，我还是想把这一问题留给自己。

从企业成立时间看，"杭州六小龙"普遍成立于2015—2018年，不是源自传统意义上的招大引强，而是从小到大成长起来的本土企业。不同于常规的网络热点那般"来得快，去得也快"，青年团队、科技新锐、民营经济、AI 领域……"杭州六小龙"身上的每一个标签都极具吸引力，也都大有文章可做，而由此引发的关于杭州科技创新的探究和讨论已持续数月，热度一直没有消退的迹象。看来，确实是"现象级科技成果"，是硬核科技。

2023 年，习近平总书记在浙江考察时提出"要把增强科技创新能力摆到更加突出的位置，整合科技创新力量和优势资源，在科技前沿领域加快突破"[①]。"杭州六小龙"现象具有突发性、爆发性、

---

① 习近平在浙江考察时强调：始终干在实处走在前列勇立潮头 奋力谱写中国式现代化浙江新篇章 [N]. 人民日报，2023-09-26(01).

集群性和地域性的特点，其本质是青年科学家创业群体与民营资本、政策体系形成的创新共振，是杭州、浙江对习近平总书记殷切嘱托的一种回应。

有人说，创新不是被计划的。我不完全同意这个观点，创新一定是可以被培育和催生的。一场春雨过后，会有哪些企业如春笋般破土而出，是否会引发新一轮讨论热潮？如何孕育好土壤，给予阳光雨露，确保它们能建起根系网络，从而带动一片区域形成成规模的竹海，是浙江首先考虑的。

由于工作经历，我得以直接、真切地感受浙江的政府与企业围绕科技创新工作，长期维护并形成的良好关系。这种关系源自这片土地的文化基因，经过沉淀发展，传承至今，在改革开放后的历任主政者中形成一种长期主义的默契。

城市间科技、产业的竞争，本质上是对创新人才的竞夺，浙江深知这一点，因此致力于打造一个吸引人才、培养人才、留住人才的优良环境，会聚一大批顶尖的科学家、工程师和创业者的同时，注重培养本土创新人才，形成根深叶茂的创新人才森林。

在教科人一体化的化学反应中，浙江正催化出独特的创新相变，构建起江南水乡独特的液态创新网络，让企业、高校、科研机构、政府部门等各方力量紧密合作，信息、技术、资金等要素在这个网络中自由流动，为各类创新型企业和创新人才提供科创活水。

青年人才领衔打造的机器人、人工智能等前沿领域民营科技企业，正以突破性技术创新重塑产业格局。这类企业普遍具有研发投入强度高、技术转化周期长、市场前景不确定等特性，恰是浙江构建新质生产力的关键承载主体。在浙江，不同城市通过政府引导基金、产业协同基金、风险投资资本的多维联动，探索形成"耐心资本＋战略资本＋智慧资本"的立体化赋能网络。

通过规划专业化功能区，布局研发、转化、投资、孵化等创新服务空间，实现空间联结、设施联通和创新联动，浙江正举全省之力推动杭州城西科创大走廊建设，打造"一廊引领、多廊融通、两区辐射、多点联动"的全域创新体系。

真正的创新生态不是规划出来的盆景，而是从历史文脉中获得滋养、在专业服务中自然生长的森林；既要有敢为人先的锐度，也要有时光沉淀的温度。浙江正用"金木水火土"的创新哲学，书写着属于东方的科技叙事诗。

第一章

"八八战略"指引下，
资源小省
迈向科技强省

国家科学技术部部长阴和俊 2025 年 3 月在杭州调研时指出，杭州大批科技初创企业崛起和创新成果涌现并非偶然现象。[①] 此话极是。其实，任何看似偶发的现象，只要从历史的角度研究和分析，都可以找到发生的源头和成因。"杭州六小龙"的横空出世，在我看来，是时代使然、文化使然和环境土壤使然。

　　"八八战略"是习近平新时代中国特色社会主义思想在浙江萌发与实践的集中体现。浙江省在"八八战略"指引下，一张蓝图绘到底，一任接着一任干，努力做到"干在实处、走在前列、勇立潮头"[②]，经济社会发展取得历史性成就。

　　"八八战略"实施 20 多年来，浙江深入分析，准确把握比较优势，将科技创新作为必须补齐的"第一短板"，持续加大科技创新投入、培育创新主体、建设创新平台、推动成果转化，逐步将创新塑造成为新的比较优势。

　　在中美科技博弈的时代背景下，浙江作为中国科技创新的重要

① 科学技术部党组书记、部长阴和俊赴浙江杭州调研科技创新工作 [OL]. [2025-03-22]. https://www.most.gov.cn/kjbgz/202503/t20250322_193279.html.
② 习近平在浙江考察时强调：始终干在实处走在前列勇立潮头 奋力谱写中国式现代化浙江新篇章 [N]. 人民日报，2023-09-26(01).

省份，迎来了前所未有的时代机遇。凭借其深厚的数字经济基础、活跃的民营经济以及政府对科技创新的大力支持，浙江正加速构建现代化产业体系，深化与国际先进科技资源的合作，吸引高端人才，提升自主创新能力，以求在世界科技版图上画下浓墨重彩的一笔。

时代命题：中美科技博弈下的浙江机遇

在历史交会点迎接科技革命

我每天乘车穿行在杭州这座充满活力的城市中，能直观感受到科技的脉动。智驾汽车和智能机器人正在逐渐改变我们的生活方式。从繁忙的街道到高新企业园区，变革的力量厚积薄发。这一切仅仅是新科技革命浪潮下的冰山一角。

钱学森先生在 1955 年归国时，或许不会想到他手中的演算纸将开启中华民族科技复兴的序幕。从创建火箭研究院（现中国运载火箭技术研究院）到"嫦娥五号"登月取样，从"两弹一星"到载人航天，中国科技工作者正以全新的姿态，在"两个一百年"奋斗目标的指引下，书写着科技革命与国家命运交相辉映的壮丽篇章。

历史上，每一次科技革命都深刻改变了世界的格局。第一次工业革命开启了现代工业文明的大门，让欧洲崛起；第二次工业革命使生产和交通发生了翻天覆地的变化，带动美国遥遥领先。中国错过了这两次工业革命，而在改革开放后抓住了信息革命的尾声，通过追赶、跟跑实现了跨越式发展。人类如今正处于第四次工业革命的浪潮之中，这一轮科技革命的特点是数字化、智能化和网络化。大数据、云计算、人工智能、物联网等新兴技术的发展，正在深刻改变着全球经济和社会的面貌。在科技系统工作多年的我深感荣幸，能在这"两个一百年"的历史交会点上，见证、观察和探讨科技革命如何塑造我们的世界，以及中国如何成为这一变革的关键力量。

世界主要国家纷纷出台战略布局前沿科技，以确保在未来全球竞争中的领先地位。美国推出"国家先进制造业战略"，欧盟发布"数字欧洲"计划，日本则推进"超智能社会"构想。

在新的国际竞争格局下，2016年5月30日，习近平总书记在全国科技创新大会、两院院士大会、中国科协第九次全国代表大会上发表讲话时强调，实现"两个一百年"奋斗目标，实现中华民族伟大复兴的中国梦，必须坚持走中国特色自主创新道路，面向世界科技前沿、面向经济主战场、面向国家重大需求，加快各领域科技创新，掌握全球科技竞争先机。这是我们提出建设世界科技强国的出发点。[①]从早期的"科教兴国"战略到现在的"创新驱动发展"战略，中国政府将科技创新作为国家发展的核心驱动力，政策的不断演变为科技创新提供了坚实的制度保障，特别是在人工智能、量子信息、生物科技等前沿领域。

中美科技竞争下的挑战与应对

如今，中华大地全面建成了小康社会，第一个百年奋斗目标已

---

① 全国科技创新大会 两院院士大会 中国科协第九次全国代表大会在京召开 [OL]. [2016-05-30]. https://www.xinhuanet.com/politics/2016-05/30/c_1118956522.htm.

然实现，正意气风发向全面建成社会主义现代化强国的第二个百年奋斗目标迈进。不容忽视的是，中国在科技变革过程中面临不少阻力，既有来自国际地缘政治的压力，也有经济竞争和市场准入的障碍，同时还面临着技术壁垒和标准制定等方面的挑战。

当唐纳德·特朗普在 2024 年美国总统选举新罕布什尔州共和党初选中胜出的消息传来，全球资本市场应声震荡。由此可知，这位以"美国优先"重塑国际秩序的政治人物再次入主白宫，或将掀起更为猛烈的单边主义浪潮。特朗普上一个任期内，美国对中国科技企业施加了一系列制裁，包括对中兴、华为的芯片封锁，限制中国企业收购海外技术公司，等等。这些措施试图在供应链、核心技术、标准制定等方面遏制中国的崛起。

以中兴和华为事件为例。2018 年 4 月，美国商务部以中兴违反美国对伊朗的出口管制为由，禁止美国企业向中兴出售零部件、软件和技术。这一禁令几乎使中兴陷入瘫痪，最终，中兴支付了巨额罚款并接受了美方的监管，才得以恢复运营。这次事件暴露了中兴在供应链上的脆弱性，促使其他中国企业更加重视国际贸易规则和合规管理。美国随之对华为也采取了一系列严厉的制裁措施。2019 年 5 月，美国商务部将华为及其 70 家附属公司列入出口管制"实体清单"，禁止美国企业向华为出售技术和产品。

2018 年，美国政府通过《外国投资风险审查现代化法案》（FIRRMA），一方面重构科技安全防线，扩大美国外国投资委员会（CFIUS）对人工智能、半导体等与 27 个行业相关的关键技术的审核权限；另一方面收紧 STEM[①] 领域签证政策，针对中国留学生实行签证限制。美国门户开放报告显示，2019 年赴美中国留学生仅增长 6000 人，为近 10 年最低，而中国赴美研究生的申请量，则持续负增长。[②]

面对技术封锁的"达摩克利斯之剑"，中国科技产业启动了三个维度的战略转型。首先是创新范式的跃迁，全社会研发投入强度从 2016 年的 2.11% 提升至 2022 年的 2.55%，在类脑芯片、量子通信等"换道超车"领域形成非对称优势。其次是创新体系的再造，国家实验室体系重构与"揭榜挂帅"机制创新，推动研发效率提升。最后是创新生态的扩容，通过国际大科学计划吸纳全球智力资源，比如在国际热核实验堆（ITER）等项目中，中方贡献度有所提升。

实际上，中国和平崛起的道路从来也不是一帆风顺的。但在国内外各种复杂环境的影响下，中国经济过去几十年里仍然实现了快速稳定的发展，并且有望在未来继续保持中高速的增长态势。近年来中国政府高度重视科技研发，投入大量资源支持创新，在 5G、人工智能、量子计算等前沿领域取得了显著成就，科技创新能力的不断增强提升了中国的产业竞争力。

一条科技长征路印证着一个古老民族的涅槃重生。当"两个一百年"奋斗目标交汇于新科技革命的历史洪流，中国正以独有的智慧和定力，在保护主义逆流中坚持开放创新，在技术封锁围堵中深化自主攻关，在文明对话中推动成果共享，为人类可持续发展开

---

① STEM 是科学（science）、技术（technology）、工程（engineering）、数学（mathematics）四门学科英文首字母的缩写。——编者注
② 陈志文. 封杀中国留学生损人不利己 [N]. 光明日报，2020-06-09(12).

辟新的可能性。这场静水深流的变革，终将如大江奔涌，在历史的长河中激荡出属于这个时代的澎湃回响。

这大概是杭州甚至浙江同全国一样面临的挑战和机遇，也是"杭州六小龙"诞生的时代大背景。中国外交部长王毅在 2025 年"两会"记者会上讲到"杭州六小龙"，我记得他用了"哪里有封锁，哪里就有突围；哪里有打压，哪里就有创新"①的说法，我开始有点不明就里，过会儿细想，此话妙解了"杭州六小龙"现象的现实国际背景。

浙江在变革中锻造创新坐标

在中美科技博弈持续深化的全球格局下，国产替代已从产业自救策略升维为国家战略的关键支柱。国产替代的首要价值在于筑牢国家安全屏障。通过构建自主可控的半导体、工业软件、操作系统等基础技术体系，中国能够有效对冲美国技术封锁带来的系统性风险，避免在数字经济时代沦为技术附庸。这不仅涉及产业安全，更是维护国家主权的重要防线。

更深层的战略意义在于掌握科技创新的主动权。在工业软件、人工智能等前沿领域，国产替代正推动创新链与产业链的深度融合，使中国企业从被动适配国际标准转向主动参与规则制定，这种创新势能的积累将重塑全球技术竞争格局。

在构建双循环新发展格局的宏观战略中，国产替代发挥着承上

---

① 中共中央政治局委员、外交部长王毅就中国外交政策和对外关系回答中外记者提问 [N]. 人民日报，2025-03-08(03).

启下的枢纽作用。通过打通国内大市场的供需闭环，既能为本土企业提供技术迭代的试验场，又能培育具有国际竞争力的产业集群。当前信创产业的生态化发展路径表明，国产替代绝非简单的进口替代，而是通过市场需求牵引技术突破，进而形成自主可控的产业生态体系。

这场科技博弈的终极形态或将呈现中美"双系统"的竞合格局。中国既需要保持开放兼容的产业生态，又要坚定推进自主标准的国际化。如同北斗卫星导航系统与GPS（全球定位系统）的兼容并蓄，国产替代的真正价值在于创造多元选择，打破技术霸权对全球创新的压制。只有更多国家能够同时接入中美两个技术体系，真正的多极化产业秩序才会到来。

地处我国东南沿海、长江三角洲南翼的浙江，陆域面积10.55万平方千米，是中国面积较小的省份之一。因山多地少，浙江有着"七山一水两分田"之说，当然还有26万平方千米的海域。浙江的陆域土地面积仅为全国的1.1%，却始终肩负"经济大省要挑大梁"的责任担当。

在新秩序建设过程中，作为中国经济重要支柱之一的浙江必然不能缺位。浙江凭借其独特的区位优势、雄厚的经济基础和活跃的民营经济，正逐步成为全国乃至全球创新发展的前沿阵地。在科技创新上，浙江作为大省，同样要勇挑大梁。

近年来，浙江省高度重视科研平台建设，致力于打造一批具有国际影响力的高水平创新基地。目前，浙江已建立了多个国家级和省级重点实验室、工程技术研究中心和产业技术创新联盟。例如浙江大学牵头的国家超重力离心模拟与实验装置，这是我国首个由地方高校主导建设的国家重大科技基础设施项目，标志着浙江在高端科研设备方面的突破。此外，杭州未来科技城、宁波新材料科技城等创新园区的建设也为各类科研机构和企业提供了一个良好的发展空间。

这些科研平台不仅为浙江吸引了一批顶尖科学家和研究人员，还促进了多学科交叉融合，推动了原始创新和技术转化。通过搭建开放共享的科研服务平台，浙江有效整合了国内外优质资源，提升了整体科研实力。政府出台的一系列优惠政策和支持措施，鼓励企业和高校开展产学研合作项目，加速科技成果的产业化进程。

浙江是中国首批创新型省份，拥有比较强大的区域创新能力，这得益于其相对完善的创新体系和多元化的创新主体。全省各地市之间形成了一个高效协作的创新网络，各个城市根据自身特点和发展需求，在不同领域发挥各自的优势。比如，杭州以数字经济为核心，聚焦于云计算、大数据、人工智能等领域；宁波侧重于海洋经济、新材料和智能制造；温州则是民营经济最为活跃的地方，在专注于传统产业转型升级的同时，也在开辟新的赛道。

为进一步提升区域创新能力，浙江省积极推动长三角一体化发展战略，加强与上海、江苏等地的合作交流。通过共建跨区域创新平台、联合举办创新创业大赛等方式，浙江实现了资源共享和优势互补，促进了区域内各城市的共同发展。

高校是科技创新的重要源泉，也是人才培养的主要阵地。浙江省拥有一批优秀的高等院校，如浙江大学、浙江工业大学等，在科学研究和人才培养方面均处于国内领先地位。其中，浙江大学更是被誉为"东方剑桥"，其计算机科学与技术、化学工程等多个学科在全国排名前列，并且与众多国际知名大学建立了合作关系。

为了更好地服务于地方经济发展，浙江高校不断深化教育改革，注重理论与实践相结合，积极引导学生参与实际项目开发和社会实践活动。此外，学校还加大了对青年教师的支持力度，设立了专门基金用于资助他们的科研工作。通过建立产学研用紧密结合的人才培养机制，浙江高校为社会输送了大量的高素质创新型人才，为当地经济转型提供了强有力的人才保障。

企业是科技创新的主力军，浙江拥有数量众多且充满活力的企业群体，涵盖了从大型国有企业到中小型民营企业在内的各种类型。特别是在互联网、电子商务、智能制造等领域，涌现出了一大批具有国际竞争力的企业，如阿里巴巴、吉利汽车等。这些企业在技术研发投入上毫不吝啬，持续加大对新技术、新模式的研发力度，努力抢占行业制高点。

为了推动创新，浙江省采取了一系列措施优化创新生态系统。首先，加大对基础设施的投资力度，改善交通条件，提升公共服务水平，为各类创新主体提供便利的生活和工作环境。其次，不断完善法律法规体系，加强对知识产权的保护力度，严厉打击侵权行为，维护公平竞争的市场秩序。最后，积极开展科普宣传活动，增强公众对科学技术的认识和理解，营造全社会崇尚科学的良好氛围。

为了支持企业发展，浙江省政府制定了一系列扶持政策，包括税收减免、财政补贴、知识产权保护等，并设立了专项基金用于奖励那些在关键核心技术攻关方面取得突出成绩的企业和个人。此外，政府还鼓励企业间加强交流合作，共同组建产业联盟，形成合力应对市场竞争。良好的营商环境激发了市场主体的创新活力，为企业实现高质量发展奠定了基础。

浙江还特别重视引进海外高层次人才和团队，通过举办国际学术会议、设立海外工作站等形式，加强了与国外先进科研机构之间的联系，促进了知识流动和技术转移。这些举措不仅拓宽了本地企业的视野，也为浙江带来了更多的发展机遇。

面对中美博弈带来的技术封锁压力，浙江积极响应国家号召，大力推动科技成果国产替代工作。在半导体芯片、操作系统、数据库管理系统等关键领域，浙江已经取得了一些重要进展。例如，华澜微电子股份有限公司自主研发的固态硬盘主控芯片打破了国外垄断局面，填补了国内空白；阿里云推出的飞天操作系统，则为中国云计算产业提供了安全可靠的选择。

浙江省政府已制订了详细的战略规划，明确了重点领域的发展方向，并配套相应的资金支持计划，助力科技产品国产化替代。同时，鼓励企业加大研发投入，攻克一批关键技术难题，力争早日实现核心部件的完全自主可控。

千年创新基因的传承

宋明理学背景下的浙学之光

由浙江省科普联合会联合浙江省广播电视集团出品的长纪录片《科学巨人沈括》正在拍摄之中。这部拍摄时间长约一年的纪录片，旨在将北宋时期出生在杭州的沈括超前的科学思想通过影片的方式呈现给观众，从而带动对沈括历史现象、宋韵文化和科技文化精神的研究、挖掘和传播。

在开机仪式上，中国工程院院士、阿里云创始人王坚先生有感而发："历史不是过去，而是未来不可分割的一部分，科技的进步与发展在日积月累中会逐渐沉淀成地方文化的重要组成部分。"

宋代，大多数读书人通过科举追求"修身齐家治国平天下"，但沈括的一生却与科技紧密相连。他的《梦溪笔谈》涵盖天文、地理、数学、医药等诸多领域，构建了颠覆传统"重道轻器"思维的认知体系。

2015年，我到美国硅谷访问。当时我问得最多的一个问题是"硅谷何以为硅谷"。没人回答我，却有一位美国友人向我推荐了英文版《天才地理学》一书。该书作者走访了全球多个城市，探讨创造型天才涌现的时间和地点，进而思考如何创造有利于创新的文化氛围。书中讲述了世界上7个城市的历史，第一个城市是雅典，最后一个城市是硅谷，第二个城市却是杭州，而且专门讲到宋朝和沈括及其《梦溪笔谈》。

钱塘沈氏乃官宦世家，藏书很多。这些藏书培养出了少年沈括勤奋好学、善于观察、肯动脑筋、实事求是的品质。了解沈括的人想必都听过他与《大林寺桃花》这首诗的故事。白居易在这首诗中写道："人间四月芳菲尽，山寺桃花始盛开。"少年沈括读到此处产生疑问，他觉得芳菲已经开尽，怎么又说山中桃花才开呢？

较真的他特意在四月去了深山，却吃惊地发现山中桃花果然开得正盛，这才有了《梦溪笔谈》中"如平地三月花者，深山中则四月花……此地势高下之不同也"的结论。这种实证精神伴随了沈括的一生。

他对鄜延石油的实地勘探，对磁针偏角的精确测定，对活字印刷的翔实记录，无不体现着"眼见为实"的研究态度。这种将田野调查与文献考据相结合的学术范式，在程朱理学尚未完全主导思想界的北宋时期，显得尤为珍贵。

在中国思想史上，宋明理学如同一座巍峨的山峰，"二程"和朱熹的"性即理"、陆九渊的"心即理"等学说构成了其主脉。但若将目光投向江南一隅，你会发现浙江大地上涌动着一股别样的思想清流——它不囿于形而上的玄思，而是扎根现实、经世致用，在理学主流中开辟出独特的精神疆域。

南宋时期，以永康学派和永嘉学派为代表的浙东学派，所倡导的"义利并举"的事功思想，与朱熹的道学、陆九渊的心学形成鼎足争鸣，共同绘制出一幅复杂而深邃的思想画卷。

永康学派创始人陈亮，践行"实事实功"的思想，在经济上提出"商藉农而立，农赖商而行"，强调商业和农业并重发展，鼓励百姓经商实现经济自救，增强藏富于民的底气，推动国力整体壮大。在此基础上，他更是亲自投身商业，以实践检验自身学术理念。

南宋时期的浙江地区，商品经济发达。陈亮虽然主张发展工商业，倡导"农商一事"，但对"天下熙熙，皆为利来"并不认同。他说："仁者天下之公理，而财者天下之大命也。"真正的富人应是既拥有财富又具备仁爱之心的人。

彼时，在瓯越之地的苍山碧水间，与永康学派有不少共同点的永嘉学派也闪烁着光芒。"在温州，看见创新中国"，这是温州如今的城市品牌标语。作为改革开放的前沿阵地和国内民营经济的重要发祥地，温州在浙江的区域创新版图上占据重要地位。

20 世纪 70 年代末，温州人敢为天下先，率先发展民营经济，成为改革开放之后最先富起来的一批人。他们得"利"后走出去，又秉持"义"字精神，在世界各地建立侨团、同乡会接济同乡，最终织就全球温商网络，并在义中获利，形成正向循环。

在解码浙江精神或温州人精神时，永嘉学派被视为重要文化根脉之一。以叶适、陈傅良等人为代表，永嘉学派旗帜鲜明地提出"以利和义，不以义抑利"，打破了传统儒家"义利对立"的观念，强调道德与物质利益并不冲突，而是社会发展的双重驱动力。

这种颠覆传统的认知从何而来？永嘉学派先驱将中原学术与瓯越商业文明相融合。他们目睹温州陶瓷远销海外、漆器名扬天下，在盐铁贸易的铜钱声中，形成了迥异于程朱理学的认知——真正的"道"，不在虚无缥缈的天理中，而在市井作坊的陶轮里，在扬帆出海的商船上。

永嘉学派中继者陈傅良说："所贵于儒者，谓其能通世务，以其所学见之事功。"叶适更是直言，"为文不能关教事，虽工无益也"，"立志而不存于忧世，虽仁无益也"。在这种务实思想的指引下，永嘉学派每位代表人物不仅能坐而论道，更能起而行之，有益于当时。

继永嘉学派以"义利并举"打破儒家道德与功利的对立，数百年后，王阳明以"知行合一"重塑实践与认知的统一。这两种思想虽相隔数百年，却共同指向一个核心命题：如何在现实世界中实现价值创造与道德坚守的平衡。

阳明心学，由明代思想家王阳明创立。其核心理念"知行合一"对创新和务实有着深远的影响。王阳明认为，"知"与"行"不可分割，真正的知识必须通过实践来检验和完善。他在《传习录》中有言："知是行之始，行是知之成。"这句话揭示了知识与行动之间的辩证关系。这不仅是对传统儒家"重知轻行"观念的批判，更是对人们行为方式的一种新启示。它鼓励人们不仅要学习理论知识，更要在实践中不断检验和完善自己的认识。这一观点对于现代社会中的创新活动尤为重要。

王阳明在绍兴稽山书院讲授"心即理"时，或许不曾想到，他的思想会与永嘉学派形成跨越时空的对话。阳明心学将道德修养与实践功夫熔铸一炉，为浙江文化注入了"致良知"的精神内核。这种心性之学并非空谈性理，而是要求"在事上磨炼"，与永嘉学派的务实取向有异曲同工之妙。

进入 21 世纪以来，随着全球化进程的加快和技术革命的到来，浙江地区的经济发展面临着前所未有的机遇与挑战。为了应对这些变化，许多企业和个人开始重新审视传统文化中的精华部分，并将其融入现代企业管理和社会治理中。

对庞大的浙商群体而言，面对全球化竞争、社会责任重构与商业伦理挑战，永嘉学派的经世智慧与阳明心学的实践哲学，恰似穿越时空的对话，为现代企业管理与企业家精神培育提供了深邃的思想资源；其实何止企业家，对大学和科学家照样有深刻的影响。杭州乃至浙江的这一波科技创新,是完全可以找到历史文化基因的。

实业救国与求是精神

清末民初,中国面临列强的侵略和国内经济的困境,实业救国成为一股重要的社会思潮。许多有识之士主张通过发展本国工业和商业来振兴国家,减少对外国的依赖。在此背景下,一批商人开始探索通过实业来拯救国家命运的道路。

从钱庄学徒到"穿黄马褂"的红顶商人,胡雪岩在数十年织就商业版图期间,也曾在实业救国这条路上试错。1823年出生于安徽贫困家庭的他,13岁移居杭州,凭借聪明才智和勤奋,从钱庄学徒起步,偶然接手阜康钱庄,后成为一代巨商。太平天国运动期间,胡雪岩为闽浙总督左宗棠筹集了十万石军粮,随后负责杭州城解围后的善后工作及浙江全省的钱粮、军饷事务,使阜康钱庄获得了丰厚利润,并由此开启了官商之路。

1866年,左宗棠奉命筹建福州船政局。面对清廷对现代造船工业的需求,胡雪岩突破传统商人的经营边界,不仅为船厂筹措资金,更引入法国技术团队,构建起中国首个自主建造蒸汽轮船的工业体系。

在左宗棠调任西北后,胡雪岩独力主持上海采运局,以商业网络支撑船政运转。面对西方技术垄断,胡雪岩坚持"师夷长技"而不失自主,推动船厂培养本土工匠。福州船政局不仅生产出40余艘舰船,更间接培养出严复、邓世昌等近代化人才,为甲午战争储备了技术力量。

1872 年，随着慈禧赐下黄马褂，胡雪岩执掌的阜康银号已成清廷财政支柱，分号遍布二十余城，存银堪比国库。但 1883 年的生丝大战，成为压垮骆驼的最后一根稻草。国际银价暴跌、意大利生丝丰收的消息接踵而至，胡雪岩的丝茧帝国在洋商围剿下土崩瓦解。上海外滩的银行家们连夜抛售阜康银票，曾经显赫的金融帝国三日之内化为乌有。

那绣着团龙纹样的黄马褂终究敌不过政商旋涡的吞噬，当李鸿章"倒左先倒胡"的政治绞索收紧时，这位曾坐拥 2000 万两白银的巨贾，最终在"勿近白虎"的临终警示中轰然倒下。

记得 2013 年，我第一次走进胡雪岩故居，岂料由于布局紧凑、构思精巧的建筑群太大、太复杂，我像走迷宫一样在里面绕了两圈。联想到以"传家有道惟存厚，处世无奇但率真"之称的"红顶商人"胡雪岩连一代也没有富到头，不免感到唏嘘。这不仅是近代民族资本的悲剧，也是胡雪岩官商勾结的悲剧。

黄浦江的汽笛声里藏着民族航运的屈辱史。1882 年，曾因家境贫寒赴上海闯荡的虞洽卿，很快就发觉宁波到上海这条航线的商机。当英国太古洋行在沪甬航线上肆意抬价欺客时，他振臂组建宁绍商轮公司，在甲板上高悬"立永洋五角"的铁牌，发动同乡成立航业维持会，每张船票暗补二角，以"亏本也要争口气"的狠劲，迫使太古公司重回谈判桌，成就了中国商船首次逼退外轮的商业传奇。

1913 年，虞洽卿在余姚三北投资筑海堤，建码头。翌年创立三北轮埠公司，开设南北洋航线，1921 年合并后的三北航业集团已拥有近 20 艘轮船，至 1933 年已拥有轮船 33 艘，开辟上海至宁波、天津、福州及长江航运等航线，在航运业自成系统，成为当时中国规模最大的私人资本航运集团，虞洽卿因此成为民国时代的航运巨头。

在 1937 年淞沪会战的硝烟中，已是七旬老翁的虞洽卿指挥三北航业集团昼夜抢运 16 万难民，将公司 12 艘江轮自沉长江航道构筑阻塞线。孤岛时期的上海滩，虞洽卿的货轮需要穿越日军封锁线，他顶着"米蛀虫"的骂名与日汪周旋，以中意合办公司的名义悬挂中立国旗，从东南亚运回平粜米化解粮荒，却在报关单上玩了个花招儿：万吨白米在免税政策庇护下进入上海，半数转入黑市所得利润，又变成支援前线的医药物资。[①] 这种"戴着镣铐跳舞"的智慧，既保全了百万市民的口粮，又未让粒米资敌。

当日军占领上海租界时，74 岁的虞洽卿谢绝在重庆躲避战火，而是选择溯江而上。在滇缅公路的崇山峻岭间，他的车队载着桐油、钨砂穿梭于炮火之中，这些战略物资最终变成重庆兵工厂用于抗战的枪炮弹药。

1945 年 4 月，因操劳过度，虞洽卿不幸罹病。重病之中，他仍不忘抗日，对子女遗言："铜钿银子生不带来，死不带去，捐黄金 1000 两，用于抗战。"弥留之际这一捐出千两黄金抗日的遗言，为其波澜壮阔的一生写下最铿锵的注脚。

当青年虞洽卿凭着经商才华，从颜料行学徒转变为买办，购买房产，设立企业，开始跻身上海绅商之列时，在杭州西子湖畔，中国最早的新型高等学府求是书院（浙江大学前身）正悄然萌芽。

---

① 白寿彝.虞洽卿 [M]// 中国通史：第 12 卷.近代后编.1919—1949.下册.上海：上海人民出版社，1999.

1897 年，杭州知府林启创办这所学府，所倡"务求实学，存是去非"也是今天浙江大学校训的完美诠释。

当浙江的实业家们在外贸战场开疆拓土时，浙江学子也在文化阵地上开辟新的精神家园。

这座以"务求实学，存是去非"为宗旨的新式学堂，在科举制度尚未废除的年代，率先开设数学、物理、化学等西学课程，其创办次年即派遣首批学生赴日留学，开中国近代教育之先河，也正是今日浙江大学的精神源头。

初创时期的求是书院普慈寺为院址，是中国近代史上效法西方学制最早创办的几所新式高等学校之一。首任总教习美国人王令赓引入西方实验室教学法，为天文台配备的望远镜可与同期欧美高校比肩。1901 年，求是书院更名为浙江求是大学堂，次年又更名为浙江高等学堂，在动荡时局中始终坚持科学救国理念。1914 年停办前的 17 年间，这里培养了经亨颐、邵飘萍等近千名兼具中西视野的现代知识分子，他们在辛亥革命、新文化运动中扮演着重要角色。

1927 年北伐战争结束后，任国民政府大学院院长的蔡元培力主重组浙江高等教育。次年，国立浙江大学在求是书院旧址成立，首任校长蒋梦麟参照德国洪堡大学模式，设立文、理、工三学院。此时的浙大已拥有中国最早的电机工程学系，邵裴子任校长时期建立的文理学院更云集了陈建功、苏步青等归国学者。

办学工作渐入正轨的同时，国立浙江大学却又面临着经费短缺、师资流失、学生运动频发等多重困境。加之国内国民党政府与地方军阀之间矛盾加剧、社会秩序不稳，国际上日本侵略中国的狼子野心日益显露，抗日战争一触即发，这座初具规模的现代大学，即将在战火中迎来凤凰涅槃般的考验。

1936 年竺可桢临危受命出任校长时，这位哈佛大学气象学博士或许未曾料到，他将带领师生完成中国教育史上最悲壮的知识迁徙。1937 年 11 月，日军逼近杭州，国立浙江大学师生携 2000 箱仪器和图书开始西迁。从建德到泰和，从宜山到遵义，2600 千米的征途跨越浙、赣、湘、桂、黔五省，其间遭遇 27 次空袭，却始终保持着完整的教学体系。在江西泰和，师生们修建防洪堤，创办澄江学校；在广西宜山时期，苏步青在岩洞中坚持微分几何研究，谈家桢在煤油灯下完成亚洲瓢虫色斑遗传的突破性发现。[1]

1940 年定址遵义、湄潭后，国立浙江大学迎来学术黄金期。物理系王淦昌提出中微子探测方法，生物系贝时璋建立起中国首个生物物理学体系，史地研究所绘制出首套《中国地形图》。这座"东方剑桥"吸引了李约瑟前来考察，他在《自然》杂志上惊叹，"（这）是中国最好的四所大学之一"。7 年流亡期间，国立浙江大学教授人数从 70 人增至 201 人，学生从 512 人增至 2171 人，培养出未来的院士程开甲、叶笃正等 9 位。

这座经历战火淬炼的大学，现已从抗战前的区域性高校跃升为拥有 7 个学院、25 个学系的综合性大学。其培养的数千名毕业生中，数位获"两弹一星"功勋奖章，10 多位获国家最高科学技术

---

① 浙江大学校史编写组.浙江大学简史：第一、二卷 [M].杭州：浙江大学出版社，1996.

奖。当费巩教授设计的油灯最终被电灯取代时，那簇在流亡岁月中点燃的求是之火，已化作点亮中国现代大学精神的一盏明灯。

当钱塘江潮水拍打杭州湾跨海大桥的桥墩时，我们听到的不仅是自然力量的轰鸣，更是百年间实业救国与求是精神交织的澎湃回响。这种精神血脉，既铸就了浙江从"七山一水两分田"到数字经济第一省的蜕变，又昭示着在中国式现代化进程中，商业文明与科技创新深度融合的无限可能。

"八八战略"在实践中迭代演进

"腾笼换鸟"淘汰落后产能

"改革开放以来，浙江的工业化从低门槛的家庭工业、轻小工业起步，能够发展到现在的规模水平，实属不易。但是，它也有结构层次比较低、经营方式比较粗放的先天不足，有先天不足就必然导致成长中的烦恼。特别是这些年，随着经济总量的不断扩大，面临着资源要素的制约、生态环境的压力、内外市场的约束……"[1]重读 2006 年 3 月 20 日刊发在《浙江日报》《之江新语》栏目的这篇文章，我的记忆被拉回到 20 年前。

《之江新语》是习近平同志在浙江省任省委书记期间，为《浙江日报》亲辟亲撰的一个栏目，基本是工作之余针对时弊有感而发，从中可以看到习近平同志治国理政的思路、理念和策略。

---

① 习近平.从"两只鸟"看结构调整（二〇〇六年三月二十日）[M]//之江新语.杭州：浙江人民出版社，2007.

21 世纪初，浙江面临着传统制造业竞争力下降、资源环境约束加剧等问题。在浙江省人大常委会研究室工作期间，我经常听到来自企业、政府的代表们交流相关问题，到台州市工作后更是感同身受。

2002 年 10 月，习近平同志调任浙江后，马不停蹄地开展调研，历时 10 个月，走遍全省 11 个市、69 个县（市、区）和大部分省直部门，问计于基层，问计于群众。[①] 2003 年 7 月，浙江省委十一届四次全体（扩大）会议召开。习近平同志全面系统地阐释了浙江发展的"八个优势"，提出了指向未来的"八项举措"，即"八八战略"。

　　一是进一步发挥浙江的体制机制优势，大力推动以公有制为主体的多种所有制经济共同发展，不断完善社会主义市场经济体制。

　　二是进一步发挥浙江的区位优势，主动接轨上海、积极参与长江三角洲地区合作与交流，不断提高对内对外开放水平。

　　三是进一步发挥浙江的块状特色产业优势，加快先进制造业基地建设，走新型工业化道路。

　　四是进一步发挥浙江的城乡协调发展优势，加快推进城乡一体化。

　　五是进一步发挥浙江的生态优势，创建生态省，打造"绿色浙江"。

① 参见：周咏南，毛传来，方力.挺立潮头开新天地——习近平总书记在浙江的探索与实践创新篇 [N].浙江日报，2017-10-06(01)；裘一佼，陈佳莹.干在实处 走在前列 勇立潮头——写在"八八战略"实施 20 周年之际 [N].浙江日报，2023-07-10(01).

六是进一步发挥浙江的山海资源优势，大力发展海洋经济，推动欠发达地区跨越式发展，努力使海洋经济和欠发达地区的发展成为浙江经济新的增长点。

七是进一步发挥浙江的环境优势，积极推进以"五大百亿"工程为主要内容的重点建设，切实加强法治建设、信用建设和机关效能建设。

八是进一步发挥浙江的人文优势，积极推进科教兴省、人才强省，加快建设文化大省。

此后 20 多年，"八八战略"成为浙江发展的总战略。

不妨将 2003 年到 2012 年浙江围绕"八八战略"的实践看作"八八战略"的第一阶段。在此期间，浙江省注重产业结构调整和升级，鼓励发展高新技术产业，这为科技企业提供了广阔的发展空间。2006 年，习近平同志主持召开浙江省自主创新大会，作出了到 2020 年建成创新型省份的战略部署。①随着相关措施的实施，浙江省经济逐渐摆脱了对传统制造业的依赖，逐步向高端制造业和服务业转型，实现了经济发展的根本性转变。

2008 年，时任浙江省委书记赵洪祝深入调查研究，谋划构建多层次创新体系的举措，营造有利于加快经济转型升级的环境和条件。进入 21 世纪第二个十年，信息技术革命的深入发展，印证了数字浙江建设的前瞻性。浙江省政府先后出台了《关于加快发展信

---

① 周咏南. 习近平在全省自主创新大会上强调：加快建设创新型省份 推动经济社会转入科学发展轨道 [N]. 浙江日报，2006-03-22(01).

息经济的指导意见》《浙江省信息经济发展规划（2014—2020年)》《浙江省国家信息经济示范区建设实施方案》等一系列政策文件，营造了良好的创新创业环境。

2013年至2020年，不妨归纳为"八八战略"的第二阶段。在这个阶段，浙江省在多个领域内取得重大进展。

在互联网行业，从最初的B2B（企业对企业）在线市场到如今涵盖云计算、金融科技、物流等多个领域的庞大商业帝国，阿里巴巴正是在这样的政策环境中茁壮成长，并逐步从电子商务平台向科技企业转型的。

除了互联网行业，浙江省还在高端制造领域取得重大进展。以安防监控设备制造商海康威视为例，该公司凭借持续的技术创新，在全球视频监控市场上占据领先地位，不仅实现了从传统硬件制造商向智能解决方案提供商的转型，还积极拓展海外市场，成为中国企业"走出去"的成功范例。

发展数字经济，浙江强调将科技创新作为核心驱动力，加强核心技术研发，推动数字技术的创新应用，形成了以杭州为代表的多个数字经济产业集聚区，涵盖了云计算、大数据、人工智能、物联网等多个领域，构建了完整的产业链条。

2014年，浙江提出加快发展以互联网为核心的信息经济作为支撑浙江未来发展的八大万亿产业之首和重中之重。同年，首届世界互联网大会在浙江乌镇召开，这标志着中国与全球互联网界深度对话平台的建立，并成为展示浙江乃至全国数字经济发展的重要窗口。

"八八战略"实践的第二阶段，也是我参与最深的阶段。2013年3月，我被任命为浙江省科技厅党组书记、厅长，同时兼任省知识产权局局长，参与并见证了这一时期的许多重要时刻。其间，我频繁走访调研各类科技企业，深入了解它们在技术研发、市场拓展等方面的实际情况，并在此基础上通过制定政策措施，推动数字经济的发展。此时的浙江省数字经济的发展不仅体现在规模的增长上，更重要的是其在技术创新、产业升级、社会治理等多个方面的综合表现。

其间，作为省政府的科技主管部门，如何更好地服务科技创新和产业发展，是有过争议的。我刚到省科技厅时，经常在全省会议上听到省委主要领导犀利要求：要聚焦破解科技投入产出不匹配、产学研用结合不紧密、评价考核科技成果的标准不科学、科技创新的体制机制不适应的"四不"问题。说实话，当时科技厅班子同志的思想包袱很重，甚至有点不大服气。我们用了两个月时间，分头到基层企业和科研机构调研走访，又请人大代表、政协委员和科技界、企业界人士到厅里座谈，并系统学习了党的十八大以来习近平总书记关于科技创新的重要讲话精神与总书记在浙江工作期间建设创新型省份的一系列重要讲话，开展破"四不"立"四要"思想大讨论，逐步对科技创新的形势、方位和科技部门的理念作风有了比较清醒的认识。当时，我们提出科技工作要实现三个转变：从科技小局向创新大局的转变，从服务小众（科技精英）向服务大众（"双创"）的转变，从管好小钱（科技经费）向聚集大钱（四两拨千斤）的转变。这次学习讨论还产生了两个重要成果。一是结合学习讨论，在进一步深入学习思考的基础上，我主编出版了由中国科学院、中国工程院院士路甬祥作序的《第一动力——科技创新思想与浙江实践》一书。该书通过核心论、自主论、融合论、攻坚论、优先论、全球论、生态论、造福论8个章节，梳理了习近平总书记关于实施创新驱动发展战略以及推动以科技创新为核心的全面创新的系列重要论述和浙江实践，成为之后我们服务科技创新的一个很好的思想指南。二是建立了科技大学堂。从2013年9月开始，每月一次，我们开展思想理论和科技知识的集中学习，主要请科学家、企业家，还有县市领导和青年创业者来讲授学习和实践的经验体会。这个大学堂前几年虽然名称有变化，但制度一直得到坚持。这只是我所亲历的省科技厅情况，其实当时浙江各省级部门都在经历类似的思想解放过程。

时间来到2017年，浙江省委经济工作会议确立实施数字经济"一号工程"后，浙江提出要努力打造"三区三中心"，即全国数字产业化发展引领区、产业数字化转型示范区、数字经济体制机制创新先导区和具有全球影响力的数字科技创新中心、新型贸易中心、新型金融中心。努力不被辜负。根据中国信息通信研究院发布的报告，2020年浙江数字经济总量突破3万亿元，占全省GDP（国内生产总值）比重约为46.8%，显示出数字经济已成为浙江经济增长的新引擎。①

2020年，习近平总书记在考察浙江时强调，浙江要"努力成

---

① 2020年浙江数字经济总量突破3万亿元[OL]. [2021-05-18]. https://jxt.zj.gov.cn/art/2021/5/18/art_1229246513_58926598.html.

为新时代全面展示中国特色社会主义制度优越性的重要窗口"①。在这一指导思想下，同年11月，浙江省委十四届八次全会确定了打造"重要窗口"的"十三项战略抓手"。其中，"着力建设三大科创高地"位列第一项。

"十三五"以来，浙江"互联网+"、生命健康和新材料三大科创高地建设取得重大进展，国字号创新平台加速集聚，关键核心技术攻关取得重大突破，高端创新人才加快会聚，科技体制改革不断深化，"产学研用金、才政介美云"十联动的创新创业生态系统加速构建，区域创新能力居全国第4位，创新型省份建设走在全国前列，实现了"到2020年成为创新型省份，基本建成科技强省"的战略目标。

2021年是浙江开启"十四五"新征程、谱写高水平创新型省份建设新篇章的一年。这一年，浙江人既深切感受到了庆祝中国共产党成立100周年、党的十九届六中全会召开的欢欣鼓舞，也亲身经历了宏观形势不确定性因素增多、改革发展稳定任务叠加的现实挑战，全力应对了疫情防控常态化、防范化解各类安全风险的重大考验。

2021年至今，或许可以视作"八八战略"进入第三阶段。根据浙江省科技创新发展"十四五"规划，浙江集中力量建设杭州城西科创大走廊，支持杭州高新区、杭州市富阳区、湖州市德清县成为联动发展区，加大实验室和技术创新中心、重大科技基础设施主

---

① 习近平在浙江考察时强调：统筹推进疫情防控和经济社会发展工作 奋力实现今年经济社会发展目标任务 [N]. 浙江日报，2020-04-02(02).

动布局力度，重点开展新一代信息技术、生命健康技术、新材料技术、先进制造与重大装备技术、现代能源技术等基础研究。

在产业能级提升方面，浙江以"415X"先进制造业集群建设为抓手，推动传统产业"老树发新芽"、新兴产业"新苗成大树"。通过实施数字经济创新提质"一号发展工程"，使全省高新技术产业增加值占比达68%，集成电路产业形成从设计、制造到封测的完整链条，人工智能应用场景覆盖工业、医疗等八大领域。

同时，基础设施的现代化重构，为浙江新质生产力发展注入强劲动能。通过超前布局"未来交通网络"和"新型基础设施建设"，浙江正在打造低空经济与算力经济的双引擎。现在，全省首批5个万卡级算力中心集群正加速建设，边缘算力节点已覆盖所有地市，算力规模挺进全国前三；通用航空机场网络加密织就，无人机物流配送在山区、海岛率先试点，低空经济产业生态圈初具规模……

如今，浙江省委提出"三个再""五个更"的目标要求，强调在建设创新型省份、提升对内对外开放水平、打造先进制造业基地、推动民营经济新飞跃、统筹城乡区域协调发展、推进绿色低碳转型、提升百姓高品质生活等方面实现新突破。通过高标准的目标体系引领，"八八战略"将进一步深化实施，充分展现其科学性与实践伟力。

奉行科技创新的长期主义

科技创新是一个长期积累的过程，需要持之以恒的努力和投入。浙江省的科技创新长期主义，既体现了深厚的历史文化底蕴，也彰显了现代政策的有力引领。

浙江省的科技创新不仅在中美科技博弈的时代命题中显得尤为突出，也植根于宋明理学、近代浙商文化以及浙江大学的精神传承之中，更在"八八战略"的长期引领下不断深化和发展。

2003年提出的"八八战略"，为浙江省经济社会发展指明了方向，打开了广泛的思路。20多年来，"八八战略"始终贯穿浙江各项工作的全过程，特别是在科技创新方面发挥了至关重要的指导作用。

构建多层次创新体系是浙江深入践行"八八战略"的关键体现。除了国家级实验室，浙江还建立了大量省级新型研发机构和企业技术创新中心，形成了覆盖全省的科技创新网络。

"成长的烦恼"本义是指一个人在成长过程中碰到的烦扰与苦恼，如今也常被用来形容经济社会发展过程中存在的矛盾与问题。浙江的干部群众对这个词并不陌生。20多年前，浙江在经历了改革开放以来的快速发展后，率先碰到了"成长的烦恼"。

任何地方、任何时期只要有进步、有蜕变，便会产生新的烦恼。今天的浙江同样面临着不少新的"成长的烦恼"，例如，在科技创新领域，浙江虽然已经取得了显著成就，但依然存在一些短板。2016年和2017年，先后担任浙江省委书记的夏宝龙和车俊公开指出，"科技创新是浙江第一短板"。

解决这些"成长的烦恼"，关键在于进一步全面深化改革。党的二十届三中全会是为直面"新成长"带来的"新烦恼"，围绕推进中国式现代化进一步全面深化改革而召开的一次重要会议。作为长期主义者，浙江始终坚持一张蓝图绘到底，历任省委书记接力推进"八八战略"，政策连续性强，且坚持实事求是的原则。

首先，从战略层面补齐短板。浙江省提出了打造一流创新生态链的目标，并将科技成果转化作为"第一工程"。在浙江省第十四次党代会上，时任省委书记车俊提出四个强省建设，其中就包括创新强省建设。随后，时任浙江省委书记袁家军进一步强调，要大力实施科技创新和人才强省首位战略，深化探索新型举国体制的浙江路径，提出建设"互联网＋"、生命健康、新材料三大科创高地。

其次，培育创新生态是激发全社会创新创业动能的关键所在。如果把企业家、科技人才的创新比作种子，那么它的发芽和成长离不开政策、平台、资本、中介、文化等阳光雨露和空气土壤。要构建最优创新生态，就要使创新的土壤更肥沃、阳光更灿烂、雨露更充足、空气更清新，让创新活力竞相迸发、创新源泉充分涌流。

最后，必须营造宽松有序的科研环境，深化科技体制改革，加快科技部门职能由研发管理向创新服务转变，集中精力抓战略、抓规划、抓政策、抓服务，推进科技领域"放管服"改革，全面提升创新服务能力和水平，切实为科研人员"松绑解套"，充分释放创新活力。

2023年，时任浙江省委书记易炼红提出，要推动"315"科技创新体系与"415X"先进制造业集群高效融合，放大浙江特色产业优势、创新生态优势、人文优势和浙商优势，开辟新赛道，增强新动能，引领新模式，探索新型举国体制的浙江路径，加快打造高水平创新型省份。他特别强调要在以科技创新塑造发展新优势上走在前列。

2024 年，王浩任浙江省委书记后，省委对加快建设创新浙江、因地制宜发展新质生产力进行了系统部署，锚定全面建成高水平创新型省份的战略目标，明确提出要做深做透两篇大文章：一是推动教育科技人才体制机制一体化改革，一体化建设教育强省、科技强省、人才强省；二是强化科技创新和产业创新深度融合，加快构建具有浙江特色的现代化产业体系。

一个人要健康成长，就必须直面成长中的各种问题，想办法把烦恼一个个化解掉。浙江要实现持续的进步和发展，也需要直面发展过程中出现的新矛盾、新问题。面对科技创新这一"第一短板"，浙江没有选择回避，而是迎难而上，通过一系列政策措施，如设立专项基金、提供税收优惠等，激发了企业和科研人员的积极性。同时，浙江还积极推动产学研合作，鼓励高校和科研机构与企业联合攻关，共同攻克关键技术难题。通过不断地思考和行动，浙江找到了解决"成长的烦恼"的密码。

区域创新能力连续三年全国第 4，浙江依旧不满足。我一直认为，位次只是发展的客观结果，浙江不满足的一定不是第几名，而是如何按照 2023 年 9 月习近平总书记考察浙江时的叮嘱和明确要求，进一步把增强科技创新能力摆到更加突出的位置，在以科技创新塑造发展新优势上走在前列。

经过几十年的改革开放和创新型省份建设，浙江发展无疑已经站到了新的起点上。但浙江目前面临的资源要素缺乏、发展动能减弱、发展空间受限、发展不平衡不充分等问题依然存在，不亚于当年"成长的烦恼"。破解这些难题，根本出路在于以科技创新为引领。

所以，不仅要进一步做大经济总量，还要提高发展质量，必须把科技创新作为浙江经济高质量发展最厚重的底色，必须把科技自立自强作为最紧迫的战略任务，必须坚定不移地向科技要动力、向创新要未来。

作为民营经济发达的省份，浙江拥有丰富的浙商资源。通过引导和支持浙商"走出去"和"引进来"，浙江不仅拓展了市场空间，还提升了本地产业的技术水平和管理能力。此外，浙江还依托自身的人文优势，加强对外文化交流，提升了城市的国际影响力。

通过简化行政审批程序、提高政务服务效率等措施，浙江为企业提供了更加便利的发展环境。特别是在科技创新领域，浙江积极探索新型举国体制的浙江路径，形成了独特的创新发展范式。

浙江在应对"成长的烦恼"过程中积累了丰富的经验，成功地将一个个"烦恼"转化为发展的动力，实现了从生存到发展的跨越。相信未来，面对更加复杂的国际形势和技术变革，浙江将继续秉持长期主义的理念，坚持全面深化改革，努力实现高质量发展，为全国乃至全球提供更多的经验和借鉴。

第二章

创新主体——浙商精神与创新创业"新四军"的破局密码

浙江的历任领导几乎都说，浙江除了绿水青山，缺电少煤，资源相对贫乏，最重要的创造主体和最宝贵的资源就是浙江人。特别是浙商这个独特的群体，在改革开放的时代浪潮中始终勇立潮头，书写着属于自己的经济传奇。我们分析"杭州六小龙"，应当将目光往前移，聚焦到浙商群体，从历史与现实中探寻其背后的精神密码。

　　回首往昔，老一代浙商以非凡的勇气和坚韧不拔的毅力，从计划经济的缝隙中开辟出民营经济的广阔天地。鲁冠球、冯根生、宗庆后、沈爱琴、徐文荣等一大批老一辈浙商企业家，凭借"四千精神"，坚守实业，不断创新求变。他们用一生的心血，将一个个名不见经传的小厂发展成跨国集团、民族品牌，铸就了浙江民营经济的丰碑，为后来者树立了榜样。

　　随着时代的演进，浙商群体不断发展壮大，年度"风云浙商"评选活动见证了这一群体的代际更迭与产业升级。从传统制造业到数字经济，再到以硬科技为主导的新质生产力，浙商紧跟时代步伐，在全球化的舞台上纵横捭阖。他们不仅实现了自身企业的发展壮大，还积极履行社会责任，为推动共同富裕示范区建设贡献力量。

　　在创新驱动发展的新时代涌现出来的创新创业"新四军"，作为浙商的传人，走上了科技创新和产业创新的舞台。浙江大学凭借深厚的学术底蕴和完善的创新创业培育体系，培养出众多优秀的创新创业人才，从"求是创新"精神的传承到全链条创业孵化体系的构建，为科技成果转化和产业发展提供了强大支撑。"阿里系"以其在数字经济领域的开创性成就，改变了商业社会的文明脉络，通过人才流动、资本支持、技术外溢等方式，优化了杭州乃至浙江充满活力的创业生态。"海归系"凭借国际化视野和前沿技术知识，为浙江带来新的理念和创新活力，在新兴产业领域不断取得突破。"新生代"浙商则肩负着传承与创新的使命，以守正创新的精神推动企业转型升级，展现出超越父辈的潜力和决心。

时任浙江省省长李强，全国政协副主席、科学技术部部长万钢，杭州市委副书记张鸿铭对创新创业"新四军"给予肯定。李强说："人才是最稀缺、最宝贵的资源。年轻人在哪里，活力就在哪里；顶尖人才在哪里，'硅谷'就在哪里。"万钢说："浙江一直是创新创业最为活跃的地区之一，在中国的创新版图中独树一帜。特别是近年来在培育创新创业'新四军'、发展众创空间方面表现突出，走在了全国前列……"这确实是个令人难忘的红火年代。[①]

回顾和总结浙江经济发展历程，既是廓清浙江创新创业的源头和脉络，更是对浙商"四千精神"和他们的传承人的礼赞与致敬。通过展现浙商群体在时代浪潮中不断创新、勇于突破的生动画面，广大创业者、企业家可以得到宝贵的启示，传承他们的精神，并从

---

① 周国辉.创业是杯什么茶[M].北京：红旗出版社，2015.

中汲取力量，在各自的领域中勇于探索、敢于创新，共同推动经济社会的发展与进步。

老一代浙商："四千精神"铸就民营经济丰碑

改革破冰后涌现创业力量

2024年9月6日，吉利未来出行星座第三个轨道面，在太原卫星发射中心以一箭10星方式成功发射，卫星顺利进入预定轨道，10颗卫星状态正常，发射任务获得圆满成功。

谈起中国汽车，绕不开吉利汽车及其创始人李书福。这位60后企业家来自浙江台州，放过牛，开过照相馆，生产过冰箱，卖过装潢材料，生产过摩托车，到20世纪90年代末，有了造汽车的梦想，此后很长一段时间被人称为"汽车狂人"。

我17年前在台州工作过5年，同李书福打交道不少。外界之所以觉得他"狂"，主要还是因为吉利汽车的"民营"身份，很难获得造车资质。其实这是一种误解。就是这个李书福，创造了中国汽车工业历史上的诸多第一：第一个民营造车企业、第一个开创了汽车的2万元时代、开发了中国第一款跑车、开发出中国第一款自动变速箱、第一个民营汽车收购外国品牌……[1]

收购沃尔沃、入股奔驰、发射卫星，吉利汽车一步步将"汽车梦"拓展为"航天梦"。2018年12月，庆祝改革开放40周年大会

---

[1] 张文君. 民企造车辛酸路 中国品牌历史系列：吉利 [OL]. [2013-12-05]. https://www.autohome.com.cn/culture/201312/675108-all.html?pvareaid=3311701#p2.

在北京人民大会堂召开，李书福作为民营汽车工业开放发展的优秀代表，被授予"改革先锋"称号。

40 多年前，浙江被称为典型的"三无"省份，在自然资源、国家扶持、政策优惠方面无任何优势可言。当时，浙江陆域土地面积仅为全国的 1.1%，人口为全国的 3.8%，自然资源人均拥有量仅相当于全国平均水平的 11.5%，全国排名倒数第三。

1978 年，当改革开放的春风拂过江南水乡时，一群"赤脚商人"从浙江的田间地头、街巷作坊悄然崛起。他们在计划经济的缝隙中凿出民营经济的通途。面临"七山一水两分田"的地理限制，温州人在人均耕地不足半亩的情况下，利用手中的补鞋机作为"移动工厂"，将纽扣、打火机转化为"微型金矿"。在台州路桥，废旧金属回收行业用扁担挑起了"金属再生之都"的称号；绍兴柯桥则凭借纺织传统，让"水上布市"变成了全球纺织业的重要枢纽。

改革开放的浪潮为中国民营经济破开体制坚冰，而浙商群体正是这场历史性变革中最具代表性的弄潮儿。习近平同志在《之江新语》的《不畏艰难向前走》一文中指出："浙江之所以能够由一个陆域资源小省发展成为经济大省，正是由于以浙商为代表的浙江人民走遍千山万水、说尽千言万语、想尽千方百计、吃尽千辛万苦。"[①] 这就是后来闻名遐迩的浙商"四千精神"。

1969 年，在杭州萧山，一个名叫鲁冠球的年轻铁匠带着 6 个农民用辛苦挣来的 4000 元钱创办了宁围公社农机修配厂，开始艰

---

① 习近平. 不畏艰难向前走（二〇〇五年六月二十日）[M]// 之江新语. 杭州：浙江人民出版社，2007.

难的创业。[①]说是农机厂,实际是一个 80 多平方米的破旧工房,到处都是废弃的材料,但这里却是鲁冠球和万向集团扬帆远航的出发点。

在那个只讲计划的年代,没有钱,就想方设法去借;没有原材料,就骑自行车去国有企业收购边角料;没有燃料,就去捡别人扔掉的煤渣……经过艰难的 10 年"滚雪球",鲁冠球靠作坊式生产生产出犁刀、铁耙、万向节、失蜡铸钢等五花八门的产品,艰难地完成了最初的原始积累。到 1978 年,他的工厂门口已挂上了宁围农机厂、宁围轴承厂、宁围链条厂等多块牌子,员工达到 300 多人,年产值 300 余万元。

党的十一届三中全会后,鲁冠球嗅到中国汽车市场广阔前景的气息,果断舍弃了"多角经营"方式,集中力量专攻万向节产品,并将工厂改名为萧山万向节厂,由此走上了专业化发展之路。1980年,凭资质进不了会场的鲁冠球在全国汽车零部件订货会外面,靠着摆地摊斩获了 210 万元的订单,正式跨入"门禁森严"的汽车行业。也是在那一年,遭遇质量危机的鲁冠球主动销毁了 3 万多套万向节次品,开始对工厂进行最严格的质量管理,使之成为中国汽车工业总公司全国仅有的 3 家万向节定点生产企业之一。[②]

此后,萧山万向节厂进入了良性发展阶段,并陆续拓展到汽车传动轴、轿车减震器、轿车等速驱动轴等汽车零部件产品。在整个

---

① 陈海,金凌云.中国式"阿甘"[M]// 一九八四:企业家归来.北京:东方出版社,2016.
② 陈文文,章卉.企业家注定要创造奉献牺牲[N].浙江日报,2019-01-07(06).

20世纪80年代，万向集团日均利润已经超过10万元。①再回首，万向集团已走过大半个世纪，作为中国汽车零部件制造的领军者之一，它拥有覆盖全球的业务网络，被誉为"中国企业常青树"。

创业之初筚路蓝缕，是老一辈浙商的真实写照。地处浙江省东南部的温州，山多地少，土地贫瘠，自然资源匮乏，人均耕地面积远低于全国平均水平。面对这样的自然条件，温州人民养成了吃苦耐劳、敢于冒险的性格特征。这些品质成为温商成功的重要因素，使他们在改革开放的大潮中抓住机遇，迅速崛起。据统计，温州籍商人创办的企业超过百万家，其中不乏如正泰集团南存辉、德力西集团胡成中这样的行业领军人物。

1984年春天，年仅21岁的南存辉决定创业，在温州乐清柳市镇开设了一家小型电器修理店。当时，国内电气设备市场尚处于起步阶段，产品质量参差不齐，市场需求巨大但供应不足。尽管如此，南存辉面临的挑战依然艰巨：资金短缺，技术落后，市场竞争激烈。为了获取技术和经验，他常常骑着自行车前往全国各地的工厂参观学习，甚至不惜拆解进口电器设备来研究其内部结构和技术细节。

在一次质量危机中，南存辉深刻认识到产品质量的重要性。面对一批不合格的产品，他决定主动销毁，直接损失数十万元。1984年，南存辉成立了乐清求精开关厂，开始生产自己的电器产品。初期，由于缺乏品牌知名度和市场认可度，销售并不理想，但他坚信，只有过硬的产品质量和良好的信誉才能在市场上站稳脚跟。他

---

① 商界大佬们为何怀念鲁冠球：他是中国"企业家精神"最好案例 [OL]. [2017-10-27]. https://www.thepaper.cn/newsDetail_forward_1839521.

带领团队不断改进生产工艺，提升产品质量。通过不懈努力，乐清求精开关厂逐渐在市场上崭露头角，成为中国低压电器行业的知名品牌，并逐渐发展成为集"发电、储电、输电、变电、配电、售电、用电"为一体的具有全产业链优势的中国民营企业 100 强选手——正泰集团。[①]

作为元老级、泰斗式的浙商，宗庆后是中国改革开放和民营经济最具标志性的人物之一，也是草根人物的代表。1987 年，42 岁的宗庆后被任命为杭州市上城区文教局下属的校办企业的经销部经理。当时的他，面对的是一个仅有几名员工、负债累累的小厂子。起初，娃哈哈的主要业务是代销冰棍、汽水等冷饮产品，利润微薄且市场竞争力弱，但宗庆后并未因此气馁，反而看到了潜在的市场机会。

为了打开销路，宗庆后骑着三轮车走街串巷，送货上门。他不仅负责销售，还深入调研市场需求，寻找差异化竞争的机会。当时，中国正处经济转型期，人们对健康饮品的需求逐渐增加，而市场上却缺乏高品质的儿童营养饮品。

彼时的宗庆后敏锐地捕捉到了这一趋势，决定开发一款专为儿童设计的营养饮品——娃哈哈儿童营养液。在产品研发初期，资金和技术成为最大的难题。宗庆后四处筹措资金，并邀请了多位专家进行配方研发。经过无数次试验和改进，终于成功推出了娃哈哈儿童营养液，凭借独特的配方和良好的口感，这款营养液在市场上脱

---

① 廖毅. 步履正泰：南存辉亲述创业史 [M]. 北京：红旗出版社，2018.

颖而出，销量节节攀升……①

改革开放的浪潮为中国民营经济破开了体制坚冰，而浙商群体正是这场历史性变革中最具代表性的弄潮儿。短短几十年间，浙江经济总量从全国十名开外跃升至如今（截至 2024 年）的第 4 位，成为我国经济最发达的省份之一。浙江之所以能够取得如此瞩目的成就，既得益于改革开放带来的时代机遇，也离不开老一辈浙商群体的拼搏闯荡。浙江工商大学在 2013 年建成了一个浙商博物馆，该博物馆收集了数百位浙商的创业故事和原始资料，是浙商一部厚重的创业史和一组雕像群。我在第一时间观看后，被震撼的感受至今难忘。

以创新举措面对全球市场竞争

当外界还在惊叹于浙商群体凭借政策红利创造的财富神话时，鲁冠球、南存辉、李书福、宗庆后等企业家早已将目光投向更远的未来。他们深知，浪潮退去时唯有科技创新铸就的礁石能永立潮头。

随着中国于 2001 年正式加入 WTO（世界贸易组织），中国的经济环境发生了深刻的变化。这一历史性的事件为中国企业带来了前所未有的机遇与挑战。在全球化的大背景下，浙商群体以其特有的"四千精神"在改革开放的大潮中崭露头角，并在新世纪的第一个十年里，凭借对科技创新的高度重视和持续投入，实现了从传统制造业向高端制造业的转型。

---

① 邹爱其 . 宗庆后与娃哈哈的使命 [M]// 宗庆后：笃行者 . 北京：机械工业出版社，2018.

中国加入 WTO 后，世界电器业巨头加快了进入中国的步伐，它们主要通过收购中国行业龙头企业抢占市场。2002 年，一家跨国企业提出以当时正泰总资产 5 倍的价格（约 100 亿元人民币）收购正泰，但南存辉坚决拒绝了这一提议，即便对方将报价提高到 10 倍，他也依然坚定地表示不卖。南存辉认为，低压电器广泛应用于电力、水利乃至军事和航天等关键领域，如果这些龙头企业被外资收购，将威胁国家安全。

面对跨国企业的围追堵截，如降价倾销、抢注商标和设置技术壁垒等手段，正泰凭借自主创新成功突围。早在 1996 年，正泰就决定将其销售收入的 5% 用于技术开发，并建立了国内领先的技术开发中心、理化测试中心、计量中心和低压电器检测中心，形成了以温州为基地、以上海为中心、以美国硅谷为龙头、以相关科研院所为依托的多层次开放式技术开发体系。在随后的 4 年中，正泰开发了 1000 多项新产品和 1500 多项科技创新成果，其中 30 多个系列、100 多个基型的产品具有自主知识产权，达到了国际先进水平和国内领先水平。

2002 年，在意大利国家电网工程电力静态仪表项目的全球竞标中，正泰凭借强大的技术实力和优质服务击败了包括全球电气五大公司在内的竞争对手，成功中标。该项目是当时世界上最大的网络电力电表项目，总投资超过 20 亿欧元，展示了正泰在全球市场的竞争力。[①]

[①] 潘剑凯，叶辉，陆健. 正泰：和谐文化强磁场 [N]. 光明日报，2006-12-08(05).

随着本土品牌的崛起，外资企业和国有企业也加入了竞争行列，致使市场竞争日益激烈。正泰提出了"立足低压，跳出低压，走低、中、高压和成套设备并举之路"的发展战略，通过引进一系列先进设备，彻底改变了生产方式和手段。产品线从低压电器扩展到成套开关设备壳体、高低压金属封闭开关设备、低压配电箱、户内外高压电器元器件、预装式变电站等多个领域，逐步形成了涵盖高、中、低压领域的电力设备全产业链布局。

从1998年开始，万向集团就着手构建一个全球资源整合、产业链互动创新和企业全面协同的"三位一体"技术创新体系。通过这样的探索，他们不仅实现了全球创新资源的有效整合，还在内部建立了一个被称为"一核三全七机制"的全面协同创新管理体系。

这个模式帮助万向集团研发出了一系列具有自主知识产权的关键技术，涵盖汽车底盘系统集成、轮毂单元、汽车万向节、汽车电子以及电动汽车的核心部件，如电池、电机和电控技术等。凭借这种协同创新，万向集团在全球汽车零部件产业中扮演着越来越重要的角色，其万向节产量一度高居全球第一、轮毂单元位居国内市场规模第一、等速驱动轴则位居全球第三。

与此同时，鲁冠球还在思考未来的汽车发展方向，并坚信新能源汽车将是未来趋势，而清洁能源的核心在于电池。正是基于这一前瞻性判断，万向集团在1999年决定进军新能源领域，投入大量资源进行电池技术研发，开启了一场高达近百亿元的投资行动，包括自主研发、并购和技术投资。

从当年请"星期天工程师"，到后来自己培养科技人员，万向集团多年来充分发挥引进专家的优势和作用，并与自主创新相结合，紧紧抓住主业不放松，把技术开发与主业紧密地结合在一起。这应该也是万向集团能够走向国际的重要原因之一。

吉利汽车创办后不久，便兴建了吉利大学等一系列人才培育、发展工程，涵盖范围从专业工人到设计开发管理人才。2003年下半年，随着国家开始实施新一轮宏观调控政策，汽车行业在经历短暂的井喷后进入了调整期，许多企业面临市场低迷的困境。然而，吉利汽车却抓住了这一时机，迅速做出战略调整，投资数亿元对工厂进行了大规模的技术改造，使工厂管理水平逐步达到国内一流水平。

在这个过程中，吉利汽车推出了其首款正向研发的车型——自由舰。这款车型一经推出便获得了市场的热烈反响，成为继夏利之后，首款销量突破万辆大关的中国汽车自主品牌。[1]凭借自由舰的成功，吉利汽车在经济型轿车市场上站稳了脚跟。

在刚刚入局的最初几年，吉利汽车凭借超高性价比的低端燃油车迅速进入市场，打出自己的一片天。但2005年吉利汽车就开始着手研发混动汽车，虽然之后的10年间新能源业务发展速度并不算快，直到2015年，吉利汽车才正式决定全力向新能源领域进发，而其前期积累的研发实力此时有了用武之地。[2]吉利汽车近40年的发展过程中历经多次重要转型，每次转型都围绕科技创新展开。

面对加入WTO后更加激烈的国际竞争，有远见的老一辈浙商

---

① 杨良敏，李昱霖，杜悦英.吉利：一家"全球企业"的进阶史 [J].中国发展观察，2019(17).

② 参见：大米.吉利：自主一哥的一手电车好牌何时打出? [OL]. [2022-07-08] .https://baijiahao.baidu.com/s?id=1737790084692379595&wfr=spider&for=pc.

群体迅速调整战略，纷纷加大了研发投入和技术改造力度，积极引进国际先进技术，通过自主创新提升产品竞争力。除了资金和技术上的投入，浙商还非常注重人才培养和团队建设。他们深知，只有拥有高素质的专业人才，才能在激烈的市场竞争中立于不败之地。因此，这些企业通过提供良好的职业发展机会和激励机制，不仅吸引了大量优秀人才加盟，还鼓励员工参与创新活动，形成全员创新的文化氛围，激发了企业的内在活力。

比如，在 2006 年度的创新评比表彰活动中，娃哈哈就迎来了一个创新高潮。全公司共有 316 个项目参与了此次评比，经过创新成果专业评定委员会的严格评审，最终有 38 个项目脱颖而出，荣获公司级创新成果奖，另有 178 个项目获得了部门级创新奖项。值得注意的是，除了科技人员，越来越多来自基层的员工也成为表彰的对象，彰显了娃哈哈全员创新的精神风貌。[①]

早在 2000 年年初，娃哈哈便开始对科研开发有功人员实行重奖，以此激励创新精神。当时非常可乐的主要研发者便获得了高达 20 万元的奖励。在 2004 年的四届一次职工代表大会上，娃哈哈进一步提出了全面创新战略，每年都会对产品开发、管理创新、岗位创新及技术革新等方面进行评比表彰，并积极推广优秀成果。这种对基层员工首创精神的高度重视，营造了一个崇尚创新的企业文化氛围，使得创新活动在全公司蔚然成风。

其中，果奶瓶内壁加强筋应用技术便是众多成功推广的创新成

---

① 佚名. 来自娃哈哈的老照片和新故事 [OL]. [2008-03-10]. http://www.ce.cn/cysc/ztpd/08/whh/tpbd/200803/15/t20080315_14849215.shtml.

果之一。面对原材料价格上涨带来的不利影响，饮料公司的创新小组通过技术攻关，在保证瓶子质量的前提下，利用加强筋的设计减少了瓶子的克重，从而有效降低了成本。这项技术不仅被写入了娃哈哈果奶瓶的生产工艺文件中，还在全公司范围内得到了广泛应用。据估算，仅此一项技术改进，每年就能为公司节约数千万元的成本。

国际化视野和开放合作也是浙商成功的重要因素之一。加入WTO后，中国企业面临着更加开放的国际市场。浙商积极寻求国际合作，与国际知名企业或科研机构建立了紧密的合作关系，并获得了先进技术的支持和市场渠道。此外，浙商展现了敏锐的市场洞察力和灵活的应对能力，面对市场变化时，他们能够迅速做出反应并调整策略。

总而言之，老一辈浙商群体表现出了一种共性，也折射出中国民营企业在全球化浪潮中的生存智慧：拒绝"卖厂求生"的短视，而是以技术为矛、创新为盾，在关键领域掌握话语权。他们深知，唯有将核心技术攥在自己手中，才能在国际竞争中获得真正的主动权。通过建立研发体系、引进高端人才、开展国际合作，浙商不仅提升了产品竞争力，更在产业链中占据了更高价值环节。

浙商进化：从"风云浙商"榜看浙商的传承与变迁

传统制造向新质生产力转型

每年的岁末年初，正是隆冬时节，年度"风云浙商"评选活动的揭晓和盛大颁奖，就像冬天里的一把火，特别让人期待和兴奋。

我关注该活动已 20 多年，作为颁奖嘉宾也参加过好几届的颁奖典礼，看到这些走上舞台的风云浙商，聆听他们的获奖感言，感到既熟悉又陌生，既实诚又睿智，既普通又崇高，他们确实是和平年代的真心英雄，也是最生动的励志教材。

什么是"风云浙商"？风云浙商，泛指所有叱咤风云的浙江籍工商界精英。年度"风云浙商"评选活动由中共浙江省委宣传部指导，浙江广播电视集团主办。"风云浙商"评选活动创办于 2003 年，至今已举办 22 届，累计产生了 200 多位各行各业的风云浙商。

2003 年至今，浙江民营经济经历了从"草根经济"向"创新经济"的深刻蜕变。这份蜕变不仅体现在企业规模的扩张和财富的积累上，更凝聚在产业转型升级的路径选择中，也深刻反映了浙江产业结构转型升级的轨迹，以及"地瓜经济"理论从提出到实践再到深化的全过程。

年度"风云浙商"榜单可谓浙江经济的晴雨表，其获奖者的企业形态、技术方向和产业布局的变迁，恰如一面镜子，折射出浙江从传统制造业大省向全球先进制造业基地、数字经济高地跨越的历程。

其中，阿里巴巴董事局原主席马云、吉利控股集团董事长李书福、奥康集团董事长王振滔等企业家不止一次上榜，这意味着这些企业家不仅在起步阶段取得了成功，而且能够带领企业应对市场变化，不断创新，维持或提升其在行业中的地位，持续助力浙江的经济活力提升和产业结构转型。

在 2003 年前后，浙江经济正处于"腾笼换鸟"的关键期。彼时的"风云浙商"群体，更多的是传统制造业的开拓者，涉及汽车、饮料、丝绸等产业领域。例如，吉利控股的李书福、正泰集团的南存辉、娃哈哈集团的宗庆后、传化集团的徐冠巨等，都是传统制造业的代表。他们抓住改革开放的机遇，凭借个人努力，将温州低压电器、义乌小商品、绍兴纺织等块状经济推向了行业前列。相关企业在当时已经意识到它们存在的产品附加值低、技术依赖性强、产业链条短等问题，它们更多扮演的是"世界工厂"的角色，于是它们开始付诸行动，尝试以技术创新保持竞争力。

习近平同志在浙江工作期间非常重视并支持浙商发展。针对浙商要不要走出去发展，他曾形象地提出"地瓜经济"进行解答："地瓜的藤蔓向四面八方延伸，为的是汲取更多的阳光、雨露和养分，但它的块茎始终是在根基部，藤蔓的延伸扩张最终为的是块茎能长得更加粗壮硕大。"[①]"地瓜理论"生动地阐述了"站稳脚跟"与"扩大开放"之间的辩证关系。

时代的浪潮总是裹挟着机遇与挑战并行。当 2008 年金融危机的寒流席卷全球，"风云浙商"的聚光灯开始照亮那些在惊涛骇浪中把稳航向的舵手。专注于光伏产业链的浙江昱辉阳光能源有限公司，深耕医药、汽车、金融等多元经营的复兴集团，主营农用化学品、有机硅材料的新安化工集团……这些高新技术企业的面孔昭示着浙商群体从规模扩张向质量提升的战略转身。恰如钱塘江入海口的泥沙沉淀，经历过市场洗礼的浙江企业开始显现出"亩均论英

---

① 习近平 . 在更大的空间内实现更大发展（二〇〇四年八月十日）[M]// 之江新语 . 杭州：浙江人民出版社，2007.

雄"的集约光芒。

随着中国经济融入全球经济体系的步伐加快，2009 年度的"风云浙商"评选聚焦于全球金融危机后的"绝地反击"。吉利汽车欲收购沃尔沃成为当年的亮点之一，李书福带领下的吉利汽车通过跨国并购实现了技术与品牌的双重跃升。这种做法不仅是对"地瓜经济" 2.0 版的生动诠释，更是浙江民营企业在全球资源配置中迈出的重要一步。通过资本输出和技术引进，吉利汽车不仅提升了自身的竞争力，也为其他浙商提供了宝贵的经验。

这一时期，浙江企业在全球价值链中开始从被动转为主动。榜单中涌现的"隐形冠军"企业，如盾安控股集团有限公司（2011 年度"风云浙商"）、天能国际集团（2009 年度"风云浙商"）等，正是通过技术攻坚在细分领域建立壁垒，为浙江制造注入了"硬核"力量。

进入 21 世纪第二个十年，"风云浙商"榜单上的面孔愈加多元化，既有传统制造业的老将，也有数字经济、新能源等新兴领域的先锋。特别是马云及其阿里巴巴团队，凭借创新的商业模式和技术驱动的发展策略，在全球范围内产生了深远影响。2014 年，阿里巴巴在美国纽约证券交易所上市，创下当时全球最大的 IPO 纪录，这不仅是浙商的成功，也是"地瓜经济"在全球化布局中的又一里程碑。

随着"风云浙商"榜单中年份数字的跳动，数字化浪潮开始浸润每一寸浙江热土。2014 年年初，我应邀在同一批浙商代表的交流中，专门分析了互联网技术下的浙商机遇和挑战，而且用了一个耸人听闻的题目：《浙商朋友：您正面临生死存亡的抉择》。后来在 2015 年的浙商全国理事会上又讲过此问题。此文被《浙商》等多家报刊和自媒体转载。我认为彼时到了一个拐点，假如不创新发展，就没有出路。这个拐点首先是技术的拐点，那时的浙江处于新科技革命与产业变革之间的交会点，集中表现为信息化和工业化的深度融合。其实，浙江省委、省政府早已做出"四换三名"的战略部署，以便从科技创新的资源配置和政策扶持上更好地促进浙商的健康发展。

2014 年度"风云浙商"颁奖仪式上，超威集团有限公司总裁杨新新描绘了绿色能源的蓝图，浙江迪安诊断技术股份有限公司董事长陈海斌则就基因诊断技术的研发和服务进行了分享。这些新经济弄潮儿身后，是浙江全省"机器换人"掀起的智能制造革命，是"空间换地"培育的特色小镇和其他创新空间。

2015 年前后，数字经济浪潮席卷全球，"风云浙商"的基因开始发生质变。阿里巴巴合伙人马云团队（2014 年度"风云浙商"）、大华股份傅利泉（2016 年度"风云浙商"）等科技型企业家登上榜单，这标志着浙江经济从"制造"向"智造"的跃迁，以及以"互联网＋"为支点，传统制造业与数字技术的深度融合。

近年来，浙江以"415X"先进制造业集群建设为牵引，推动产业向高端化、智能化、绿色化跃升。"风云浙商"的产业版图也呈现出"双轮驱动"的新特征：一方面，新能源、新材料、高端装备等战略性新兴产业成为主战场；另一方面，传统制造业通过绿色化、智能化改造焕发新生。

通过近几年的"风云浙商"榜单，可见新能源、新材料、生物医药、人工智能等领域的浙商群体逐渐成为主流。2023 年的 30 位提名人中，晶科能源控股有限公司董事长李仙德带领企业突破光伏电池技术，其 TOPCon 电池量产效率达到 26.3%~26.5%（截至2024 年年底），推动浙江光伏产业从跟跑者变为领跑者。九洲药业董事长花莉蓉深耕创新药 CDMO（医药合同研发生产机构）领域，让浙江医药制造深度嵌入全球产业链。2022 年浙江生物医药产业全年实现工业总产值 2959 亿元，增长 12.9%，[①] 其中创新药占比显著提升。

与此同时，智能装备领域涌现新生力量。2024 年度"风云浙商"30 位提名人之一的宇树科技创始人王兴兴以"四足机器人"打开智能硬件新赛道，其产品出口覆盖全球一半以上的国家和地区，折射出浙江在人工智能与高端制造融合中的创新活力。2023年，浙江数字经济核心产业增加值突破 9800 亿元，占 GDP 比重为12%，[②] 新兴产业正成为浙江经济的"新引擎"。

传统产业的智能化、绿色化转型同样在榜单中彰显。新凤鸣集团董事长庄耀中通过"工业大脑"实现化纤生产全流程数字化，将企业营收推至百亿元规模；振石控股集团总裁张健侃推动玻璃纤维生产线智能化升级，通过工业互联网平台实现生产效率提升，产品向航空航天、新能源汽车等高端领域延伸。

近年来，"'地瓜经济'提能升级'一号开放工程'"成为浙江经

---

① 产业发展稳中提质 支撑基础仍需夯实——2022 年度生物医药产业运行分析 [OL]. [2023-04-24]. https://jxt.zj.gov.cn/art/2023/4/24/art_1659225_58930422.html.
② 2023 年浙江省国民经济和社会发展统计公报 [OL]. [2024-03-04]. https://tjj.zj.gov.cn/art/2024/3/4/art_1229129205_5271123.html.

济发展的重要战略方向。在此背景下，"风云浙商"榜单上涌现出更多专注于新兴产业的企业家，如零跑科技董事长朱江明（2021年度"风云浙商"）、申昊科技董事长陈如申（2021年度"风云浙商"）等。他们的成功案例展示了浙江如何通过创新驱动实现产业升级，并在全球竞争中占据有利位置。此外，"义新欧"班列、跨境电商等新业态的蓬勃发展，进一步巩固了浙江作为中国对外开放前沿阵地的地位。

值得注意的是，在追求高质量发展的同时，浙江并没有忽视社会责任与共同富裕的目标。许多上榜的"风云浙商"都在积极履行企业公民责任，积极参与公益慈善事业，助力乡村振兴和社会和谐稳定，为实现共同富裕贡献了自己的力量。

"新生代"和"创二代"跑上新赛道

代际传承是所有企业特别是民营企业发展中必须迈过的一道坎。

40 余年前发端的改革开放催生了一大批敢于创新和勇于拼搏的浙商"创一代"，造就了巍巍荡荡、独树一帜的浙江民营经济。早期的"风云浙商"榜单上，我们看到的是那些白手起家、历经千辛万苦创立企业的老一辈浙商。他们以"四千精神"书写了一段段传奇。

鲁冠球、宗庆后、李书福等名字成为那个时代的标志，他们的成功不仅仅在于个人财富的积累，更重要的是为社会创造了大量的就业机会，带动了地方经济的发展。随着时代变迁和技术进步，新一代浙商开始崭露头角，并逐步形成了自己鲜明的群像特征。其中，既有从父辈手中接过企业重担的"创二代"，他们在继承家族事业的基础上，通过引入现代化管理理念和技术创新实现转型升级，也有凭借个人才华与勇气自主创业的"新生代"企业家。

从时间上看，自 2010 年前后，老一辈浙商逐渐开始交接班，"风云浙商"榜单上也出现了越来越多的新面孔，其中不乏年青一代企业家的身影。比如娃哈哈集团创始人宗庆后之女、杭州宏胜饮料集团有限公司总裁宗馥莉，万事利集团创始人沈爱琴之女、万事利集团董事长屠红燕，宁波富邦控股集团创始人宋汉平之子、宁波富邦控股集团有限公司总裁宋凌杰，等等，不胜枚举。世界和未来总是属于年轻人的，要永远相信年轻人，放手越早越主动。

新陈代谢是所有生命体的必然规律，谁也无法避免，而这一过程客观上也可能成为企业发展和提升的重大契机。对"创一代"浙商而言，开明的态度至关重要，有些"创一代"很早就开启了代际传承的进程，有意识地让后代逐步参与企业生产经营，甚至执掌日常企业运营，使他们在实践中经受市场竞争的历练与考验。

"创二代"企业家不仅继承了父辈的创业精神，更是在智能制造、绿色能源等领域开拓出新的发展空间。"地瓜经济"也在不断进化，从单纯的资源回流转向更加注重全球产业链整合与高端要素配置。榜单中"创二代"企业家的崛起，折射出浙江产业传承与创新的活力。

顺利完成代际传承并获得突破的企业需要诸多条件，其核心和关键是守正创新。守正是指坚守老一辈艰苦创业的初心、精神和作风，最重要的是浙商的"四千精神"。每个企业都有更生动、更感人的创业故事、精神和独门绝技，这比财富更为珍贵，是根脉和基因。"创二代"能否传承和超越父辈，取决于其创新的胆略、勇气和能力。

2011 年，在嘉兴桐乡，新凤鸣集团上马中辰技改项目，对"创二代"庄耀中而言，这是一次不可多得的学习机会。从装置的建设、安装、调试、投料、生产，他几乎每天都泡在项目现场，跟在师傅后面抛出一堆问题，从中积累了坚实的业务基础。

2017 年，新凤鸣成功登陆上海证券交易所，庄耀中同年出任集团总裁。肩负"三年再造一个新凤鸣"的重任，他开始思考如何让传统化纤制造业焕发新生机。

面对全球化纤行业数字化转型的浪潮，庄耀中意识到信息化建设已成为企业发展的新型基础设施。作为新一代化纤智能制造的追梦者，他立志将新凤鸣集团打造成未来工厂和行业数字化标杆企业。

自 2017 年起，庄耀中亲自领导，以"5G+ 工业互联网"为核心，启动了 55211 信息工程项目，并设立专项基金投入亿元资金用于未来工厂的建设。①仅仅 14 个月后，新凤鸣集团便推出了嘉兴市首个"5G+ 工业互联网"应用——集实时数据、ERP（企业资源规划）、MES（制造执行系统）、WMS（仓库管理系统）、大数据分析及辅助决策和工业 App 于一体的"凤平台"。在 2019 年首届全球工业互联网大会上，"凤平台"的亮相引起了广泛关注，同行纷纷前来学习取经。这一成果不仅为新凤鸣集团开辟了新的发展路径，也为整个行业的数字化转型提供了宝贵经验。

2014 年 9 月，李克强总理在夏季达沃斯论坛上第一次提出了

---

① "开放嘉兴"：一鸣惊人的薪火传承 [OL]. [2024-02-20]. https://swj.jiaxing.gov.cn/art/2024/2/20/art_1497167_58931917.html.

"大众创业、万众创新",指出要在全国掀起"大众创业""草根创业"的新浪潮,形成"万众创新""人人创新"的新态势。①

以"钱江弄潮儿"自称的浙江,无疑成为其中的"先锋营"。浙江"双创"的魅力,可以从雨后春笋般涌现的众创空间和一场场创业者的展示比拼活动中得到充分体现。浙江这片充满活力的土地上涌现出了一大批"新生代"浙商,跻身"风云浙商"候选榜单的情况已不鲜见。

与老一辈浙商相比,"创二代""新生代"浙商普遍接受了更为系统的高等教育,许多人拥有海外留学背景或国际知名企业的工作经历。这使得他们在管理理念、市场洞察力和技术创新方面有着得天独厚的优势,也更加注重企业的社会责任感和可持续发展能力。

他们还深知,一个成功的企业不仅要追求经济效益,更要关注环境保护、员工福利以及对社会的贡献。因此,在经营过程中,他们会主动采取一系列措施来降低生产过程中的碳排放,推广绿色生产方式;同时也会加大对员工培训的投入,提升团队整体素质。此外,"创二代""新生代"浙商在全球化视野方面表现得尤为突出。在全球化浪潮下成长起来的他们,天生具备国际化思维,善于利用全球资源进行战略布局。

近年来,随着数字经济、人工智能、新能源等新兴行业的蓬勃发展,越来越多的"创二代""新生代"浙商投身其中,开启了属于自己的新时代征程。他们不再满足于传统制造业所带来的短期利益,

---

① 参见 2014 年 9 月 10 日新华社报道《李克强:掀起"大众创业""草根创业"的新浪潮》。

而是着眼于长远规划，致力于打造具有核心竞争力的世界级品牌。

"创二代""新生代"浙商作为新时代背景下涌现出的一支重要力量，既继承了父辈艰苦奋斗、勇于开拓的精神品质，又凭借自身独特的优势开辟出一条条充满希望的新道路。他们用自己的智慧和汗水续写着浙商辉煌的历史篇章，同时也为中国乃至世界经济注入了无限活力。

未来，在全球化竞争日益激烈的环境中，相信会有更多优秀的"创二代""新生代"浙商脱颖而出，继续引领浙江乃至全国经济向着更高层次迈进。

创新创业"新四军"：
参与浙江"双创"大潮的多元力量

多重因素驱动迸发科创之力。浙江大学紫金港校区东门 100 米外，几年前陆续建了许多楼宇，基本用于商住和办公。杭州浙江大学校友会和西湖区及三墩镇，看好紧邻浙江大学主校区的科技、人才资源优势，联合谋划，决定在这里创建 1897 科创谷。

1897 年不仅是浙江大学创立的元年，还是现代科技史上发生诸多标志性事件的重要年份。发起者以"1897 科创谷"的名义，试图对标斯坦福大学和依托斯坦福大学形成的硅谷，让墙内的科研成果能在"一步之遥"转化，打造以"一谷一大道"为地标的环浙大成果产业带，目标是中国一流高校成果转化首选地。

创新创业"新四军"

2025 年 3 月，我应邀参加"1897 科创谷"二期项目——"1897 创新里"的启动仪式。这一位于杭州古墩路沿线池华街与铭墩巷交会处的"小巷"，距浙江大学紫金港校区仅 4000 米，交通区位优势显著。项目总面积超 10 万平方米，规划建设孵化器、加速器、科创独栋办公、人才公寓等多元业态，构建"工作 + 生活 + 社交"的全天候科创社区，将进一步推动环浙大科创带发展。

自 2014 年"大众创业、万众创新"的口号提出以来，浙江就兴起了一股创新创业的热潮。2014 年 5 月，习近平总书记在河南考察时第一次提出"新常态"，他说："我国发展仍处于重要战略机遇期，我们要增强信心，从当前中国经济发展的阶段性特征出发，适应新常态，保持战略上的平常心态。"[①]自此中国告别了过去 30 多年平均 10% 左右的高速增长，从高速增长向中高速增长平稳过渡，开始追求更加注重质量、效益、创新和可持续发展的经济形态。

当时，全国创新创业大潮涌动。我结合工作经历，提出浙江创新创业"新四军"概念，即：以浙江大学为主体的"高校系"、以阿里巴巴 IPO 后出来创业的人为代表的"阿里系"（也可以叫"平台系"）、以海外留学高层次人才为代表的"海归系"，以及以"创二代"和"新生代"为主体的"浙商系"。此提法后来被省委、省政府领导讲话和文件采纳，更被创业创新群体认同。2023 年，我

---

① 习近平在河南考察时强调：突破发展瓶颈根本出路在创新 [N]. 浙江日报，2014-05-11(01).

在 1897 科创谷启动仪式上所做的题为《在"1897 科创谷"再集结再出发》的主旨演讲中，对此做过概括：一是以年轻人为主；二是有文化知识，本科及以上占比高达 86.6%，其中不少是硕士和博士生；三是有国际化视野，更具有开放时代的特征；四是互联网族群；五是小镇创新生态，特色小镇成为创新创业"新四军"的根据地；六是科技创新。需要指出的是，创新创业"新四军"之间还有背景和资源的交错，并非彼此泾渭分明。

同时，浙江出台了一系列鼓励和支持创新创业的政策措施，营造了良好的政策环境和社会氛围。而且随着教育水平的普遍提高，越来越多的年轻人具备了更高的知识素养和创新能力，他们渴望在自己的领域内有所作为，这也促进了创新创业"新四军"的壮大。

"阿里系"代表了伴随互联网时代崛起的新兴力量。阿里巴巴的成功不仅仅在于其商业模式的创新，更重要的是它创造了一种全新的企业文化和社会价值观念。作为全球领先的电子商务公司，阿里巴巴培养了一批又一批优秀的互联网人才。这些人才在离开阿里巴巴后，往往选择自主创业或者加入其他初创企业，继续推动数字经济的发展。"阿里系"创业者通常具备丰富的行业经验和广泛的人脉资源，他们熟悉互联网运营规则，擅长利用大数据、云计算等前沿技术解决问题。

2025 年春节后，杭州市余杭区举行的经济高质量发展大会上，祝铭明佩戴着自己企业研制的智能眼镜，脱稿做了一场精彩发言。这一幕不仅让他成为全场焦点，还带火了智能眼镜的相关话题。

灵伴科技创始人祝铭明毕业于浙江大学，早年创立的猛犸科技被阿里巴巴收购后，他还曾担任阿里巴巴 M 工作室的负责人。这样的履历，让他在创业过程中天然地与浙江大学校友圈以及"阿里系"建立起紧密联系。

成立于 2014 年 7 月的灵伴科技，多年来深耕语音识别、自然语言处理、计算机视觉、光学显示芯片平台、硬件设计等多领域研究。如今，该企业已构建起涵盖消费级与工业级的"增强现实 + 人工智能"产品矩阵，相关产品已在全球 80 余个国家和地区投入使用。[①]

在人工智能产业，"阿里系"创业者是一股不容忽视的力量。据 IT 桔子统计，截至 2024 年年底，由阿里巴巴前员工创办的人工智能企业有 85 家，其中 45% 注册在浙江。2025 年 1 月，"2025 阿里校友云谷创业峰会"在杭州召开（"阿里校友"是阿里巴巴离职员工之间的互称）。根据"2025 阿里校友创业榜"，537 家上榜创业企业中，127 家专注于企业服务领域，117 家投身 AI 领域。这些企业的"在杭率"超过 48%。[②]

"海归系"创业者通常在国外接受过高等教育并积累了丰富的行业经验。回国后，他们利用所学知识和技术优势，在国内市场上开辟出一片新天地。

2002 年，在美国生活 10 年之后，丁列明决定回国。当时，他已拥有美国阿肯色大学医学博士学位，并考取了美国执业医师资格证。而另一件更重要的事在召唤他——早在 1996 年创办医药公司的张晓东博士带领团队设计合成了一组靶向抗癌候选化合物，并在

---

① 洪恒飞，江耘 . 灵伴科技：用智能眼镜打破虚实界限 [N]. 科技日报 ,2025-03-02(03).
② 杨立赟 . 是他们造就了"杭州现象" [OL]. [2025-03-18]. https://m.caijing.com.cn/api/show?contentid=5077591.

实验室研究中呈现出很好的抗癌活性，但要开发成药还需大量的研究和资金投入。经过几轮讨论，张晓东、王印祥和丁列明等几名创业伙伴决定，带上项目，回国创业，做中国老百姓用得起的靶向抗癌药。中国医药行业的一颗新星——贝达药业股份有限公司（以下简称"贝达药业"）就此诞生。2011 年，丁列明带领团队研发出小分子靶向抗癌药盐酸埃克替尼。这是中国第一个拥有自主知识产权的小分子靶向抗癌药，打破了进口药在这一领域的垄断，相关项目荣获 2015 年度国家科技进步一等奖。①

除了自己搞研发，贝达药业在推动生物医药协同创新上探索了更多的途径。倾力打造的位于余杭区未来科技城的贝达梦工场，一期已有上百家生物医药企业入驻，位于临平经开区的二期日前也正式落成，可接纳 300 余家生物医药企业。贝达药业尝试发挥"链主"作用，通过贝达生物医药产业基金和杭州创新基金，帮助更多初创企业实现梦想。

为了庆祝中华人民共和国成立 70 周年，中央电视台出品了电视连续剧《奋进的旋律》，其主人公的原型是由"牛肉干大王"变身"潮流能科学企业家"的林东，他也是海归系代表。此外，还有华澜微电子股份有限公司的骆建军、英飞特电子的华桂潮、微泰医疗器械的郑攀、鲁尔物联科技的胡辉、纤纳光电的姚翼众……

说起"高校系"，就不得不提浙江大学。根据"2024 浙江大学校友上市公司榜单"披露的数据，截至 2024 年 5 月 17 日，保守统

---

① 严瑜. "中国侨界杰出人物"、贝达药业股份有限公司董事长丁列明——我赶上了好时代 [OL]. [2021-06-16]. http://www.chinaql.org/n1/2021/0616/c419651-32131524.html.

计，浙江大学校友企业家担任上市公司创始人、实际控制人、董事长、总经理等级别的共计351人，管理或控制了313家上市公司，总市值约5.4万亿元。①

作为国家重要战略科技力量、区域创新发展核心引擎的浙江大学，为什么能够培养出这么多创新创造创业者？

浙江大学于1999年成立创新与创业管理强化班（ITP），在国内高校开了先河。它借鉴了哈佛大学、剑桥大学等国际著名大学的经验，截至2024年5月，已培养1200余名学生，并孵化出至少5家上市企业及20余家独角兽或准独角兽企业。浙江大学创新创业学院自2017年成立以来，成为学校开展创新创业教育的主要平台，开设了超过160门创新创业相关课程。

为了进一步激发学生的创造力，浙江大学还通过举办各种竞赛，如"蒲公英"大学生创新大赛、"挑战杯"全国大学生课外学术科技作品竞赛等活动，来促进教学效果。截至2024年10月，在历届中国国际大学生创新大赛中，浙江大学获得了2次冠军、1次亚军、5次季军以及49项金奖，成绩斐然。这些活动不仅提高了学生的实践能力，也为他们提供了展示自我、实现梦想的机会。

除了课程设置和竞赛活动，浙江大学还构建了一个全链条、全要素的创业孵化体系，以及通过浙江浙大科创集团有限公司构建了一套覆盖天使投资至私募股权投资全生命周期的基金体系，专注于人工智能、医疗器械、新能源、新材料、半导体等前沿领域的投

---

① 最新榜单出炉！351位浙大校友，引领313家上市公司！[OL]. [2024-05-22]. http://zdpx.zju.edu.cn/news1_44261_301.html.

资。近年来，浙江大学更加注重科技成果的转化和产业化。2022年成立的浙江大学启真创新概念验证中心，旨在打通从源头创新到产业落地的完整链条，助力科研成果高效转化为实际生产力。每日互动股份的方毅、有数科技的张利江、先临三维科技（以下简称"先临三维"）的李涛、地卫二空间技术的温卓明、光珀智能的白云峰等人谈起自己的母校都无不心存感激。

这些年创新创业"新四军"不断发展壮大，已成为一支不可小觑的浙商新军，这是浙江科技创新和经济转型升级的重要引擎，也是重塑浙江创新创业格局并为全国瞩目的"杭州风景"。

2024年，浙江省科协会同省工商联等4家单位发起开展推荐科技型企业家的活动，共有20位企业家入榜，在社会上引起很大的反响和共鸣。我有幸受邀作为推选和评选专家委员会主任，全程参与了这个活动。所谓科技型企业家，是对科学家和企业家合二为一的一种称呼，其实叫科学企业家或科创企业家可能更为确切。与实质相比，名称并不重要，他们都致力于科技创新与产业创新的融合，是新质生产力的探索者、先行者和领航者。

科技领航者引领创业青年

在当今这个科技日新月异、创新层出不穷的时代，榜样的力量对青年而言，犹如灯塔之于航海者，不仅照亮了前行的道路，更为他们提供了无尽的动力与灵感。科技创新创业的榜样们以其非凡的经历和卓越的成就，成为激励无数青年追求梦想、勇于探索未知世界的强大源泉。这方面的导师、榜样不少，这里限于篇幅，容我只讲三位。

1."格子男"王坚博士和飞天云计算

"科技发展将计算推到了创新能力建设的核心位置。""在科技创新的浪潮中，人工智能正扮演着举足轻重的角色，它不仅改变了我们的研究模式，更在重塑整个科技生态，推动新质生产力的发展。""AI不是一次工具的革命，而是一次科学革命的工具。"2025年3月中旬的一个晚上，浙江省委党校知行厅，一堂名为"从 DeepSeek 看人工智能发展趋势"的共富善治大讲堂人工智能课火热开讲。

台上讲课的是中国工程院院士、之江实验室主任、阿里云创始人王坚。他回顾了2025年春节前后人工智能领域引发的震荡，并结合自身研究娓娓道来。90分钟的讲解，有全球人工智能宏观分析，有国家战略解读，有鲜活案例，也有深度思考。

王坚总是穿着格子衬衫，被人称为"格子男"，他已是中国工程院院士，但在杭州和浙江的创新圈，"博士"的头衔传播更广、更响亮。他毕业于杭州大学（今浙江大学），除了专修的工业心理学，他还在学校旁听计算机课程，在完成了从本科到博士的学业后留校任教，成为工业心理学领域的专家。他对技术的热爱促使他在1990年赴美国俄亥俄州立大学进行学习研究，之后又担任美国纽约州立大学心理系访问教授。这些海外经历不仅拓宽了他的学术视野，也为他日后在技术创新领域的突破奠定了基础。回国后他在微软亚洲研究院担任常务副院长，2008年加入阿里巴巴集团，担任首席架构师。他敏锐地察觉到云计算的潜力，决定带领团队研发以大规模分布式计算系统"飞天"为核心的云计算平台。

他曾说过，如今阿里云所取得的成就，是工程师们用汗水和心血换来的，也是那些最早信任和支持阿里云的客户共同铸就的。从最初的构想到成熟的产品，阿里云经历了5年的风雨兼程。2009年，阿里金融刚刚起步，肩负着利用数据和技术解决中小企业融资难题的使命。阿里巴巴高层向时任阿里金融总裁胡晓明提出了两个要求：一是专注于100万元以下的小额贷款业务；二是必须基于新成立的阿里云平台构建系统架构。对胡晓明而言，满足第一个要求相对简单，但面对第二个要求时，他的内心充满了疑虑。当时，阿里云正处于起步阶段，致力于开发一套完全由中国自主研发的云计算操作系统——飞天。该系统的愿景是将数千乃至上万台普通PC（个人计算机）服务器连接起来，形成一个功能强大的超级计算机集群，以提供超凡的计算能力。尽管如此，由于技术上的重重困难，阿里云频繁出现故障，这让胡晓明感到前所未有的压力。不仅胡晓明有疑惑和压力，阿里巴巴内部质疑王坚的声音更多，甚至一度视其为"骗子"，王坚为此曾声泪俱下。即便内部对云计算项目存在诸多争议，马云也依然选择相信，坚定不移地支持该项目，并承诺每年投入10个亿，连续投入10年。

当一次重大的系统升级完成后，阿里云展现出前所未有的稳定性，以至习惯了忙碌应对各种问题的工程师们一时之间竟有些无所适从。随着阿里云自主研发的"飞天"系统性能不断增强，它不仅为网商贷提供了秒级放贷的技术保障，还通过公共云、专有云和混合云等多种形式，向外输出大规模计算服务。网商银行也因此成为全球首家完全建立在云端运营的银行，开创了银行业务的新纪元。这一切成就的背后，离不开每一位参与者的辛勤付出和无畏探索。

如今，阿里云已成为国内第一、全球第四的云服务提供商。王坚结合"飞天"云计算系统的科研实践和思考，写了《在线》一书，很幸运的是该书收录了我的一篇题为《我才知道：杭州还有一个叫"云栖小镇"的未来名镇》的博文。

随着"飞天"的诞生，王坚也成为科技圈无数人的偶像。马云对阿里巴巴的作用和意义无与伦比，但老实说，没有王坚，阿里巴巴不一定能顺利成为一家名正言顺的科技公司。王坚后来通过为杭州建立解决城市拥堵的"城市大脑"，又开创了中国乃至世界"城市大脑"的历史。2018 年 5 月 27 日，王坚发起的首届"2050 大会"在杭州市云栖国际会展中心落幕。100 场主题论坛，100 名志愿者出品人，10 000 平方米探索展区，组成"2050 大会"。他的想法是："所有会都是为成功人士办的，我们应该为年轻人办一个。年轻人很重要的就是团聚，我们应该先把年轻人找到，让他们决定说什么。科技是个非常好的东西，年轻人因为科技聚在一起。""2050大会"现已连续举办七届，它是王坚为自己和青年共同搭建的释放想象力的舞台。数年后，虽然多了"中国工程院院士"的头衔，而且执掌之江实验室，虽然博士仍喜欢穿格子衬衫，且全无大佬架子，但他对青年群体的创新创业依旧具有号召力，可以说他是创新创业"新四军"名副其实的导师。

2. 褚健老师和"中控技术"

在中国工业自动化和智能制造领域，褚健与他创立的中控技术股份有限公司（以下简称"中控技术"）盛名在外。褚健的故事始于浙江大学化工系，他是当时最年轻的浙江大学教授。从这里起步，他不仅成长为一名杰出的科学家，更成为中国工业软件领域的开拓者。1993 年，褚健与团队共同创建了中控技术的前身——浙江大学工业自动化公司，专注于工业自动化控制系统的研发工作。彼时，国内工业自动化市场几乎被国外巨头垄断，高昂的成本和技术封锁让众多中国企业望而却步。

褚健没有选择跟随或依赖进口技术，而是坚定地走上了自主研发的道路。经过不懈努力，他们成功研发出国内首套具有自主知识产权的集散式控制系统（DCS），一举打破了国外长期的技术垄断，为中国工业自动化的发展注入了强大动力。自成立以来，中控技术始终将研发投入视为企业发展的核心驱动力。截至 2024 年 12 月 31 日，公司已取得 745 项专利和 731 项计算机软件著作权，每年将超过 10% 的营收投入研发。这种持续不断的创新投入，使得中控技术在国内市场上占据了领先地位，并逐步走向国际舞台。其核心产品集散式控制系统、安全仪表系统（SIS）和先进过程控制（APC）等，在国内市场占有率连续多年名列前茅，成为推动中国制造业转型升级的重要力量之一。

除了在技术研发上的卓越成就，褚健还致力于通过多种方式支持青年创新创业。2018 年，他创立了蓝卓工业互联网平台（以下简称"蓝卓"），专注于工业操作系统的研发与产业化推广。蓝卓的核心产品 supOS 被誉为"工业安卓"，是国内首个拥有自主知识产权的工业操作系统。该平台采用"平台 +Apps"的模式，为工业企业提供了一条低成本、易实施的数字化转型路径。更重要的是，蓝卓不仅是一个技术解决方案提供商，还是一个开放的生态系统，它鼓励和支持更多小型初创企业参与其中，共同探索工业互联网的新机遇。

褚健在浙江科创圈的故事很多，名声很响。褚健和中控技术创办的产业园和孵化器，催生了一批小微科技公司。"褚老师"是大家对他的尊称，恰如其分。

3. 丁磊和他的网易

在浙江这片充满活力与机遇的土地上，丁磊和网易一直很低调，但有许多有关网易和丁磊的创新、发展和责任的传说。1997年，当26岁的丁磊在广州一间小小的办公室里创立网易时，他或许未料到，这家公司日后将成为推动中国互联网行业发展的重要力量，并对浙江本地的产业发展和技术创新产生深远影响。网易起步于广州，随着公司业务的扩展和发展，丁磊将目光转向了家乡，致力于在浙江打造一个集科技研发、文化创新于一体的生态系统。特别是在杭州，网易不仅建立了总部，还设立了多个研发中心，专注于游戏开发、在线教育、音乐流媒体等多个领域。通过这些举措，网易不仅为当地带来了大量的就业机会，还吸引了众多顶尖的技术人才会聚于此，形成了浓厚的创新创业氛围。

在技术创新方面，网易展现了非凡的实力与决心。以网易云音乐为例，这款产品凭借独特的"歌单推荐"和"评论区文化"，成功在巨头林立的音乐市场中脱颖而出。网易有道在教育科技领域的探索同样令人瞩目。从词典软件起步，到如今涵盖K12（基础教育阶段的通称）网课、智能硬件等多元化业务，网易有道构建了一个强大的教育科技矩阵，极大地推动了教育资源的数字化转型。

与此同时，丁磊深知青年是推动社会进步的重要力量，因此网易积极支持青年创新创业。网易伏羲发布的游戏 AI 大模型，以及网易有道推出的子曰教育大模型，都体现了网易在前沿技术研发方面的积极探索。网易还通过举办各类创业大赛和技术论坛，为年轻人搭建了展示自我、交流思想的平台。例如，网易云创大会每年吸引数千名开发者和创业者参加，促进了技术创新成果的转化和应用，激发了更多年轻人投身科技创新的热情。

　　这三位科学企业家的故事，不仅仅关于技术进步和个人成就，更是关于如何在逆境中寻找机遇、在不确定中坚持信念的创新哲学。通过一些代表人物的故事，或许能向青年传递一个重要的信息：无论出身背景如何，无论顺境还是逆境，只要有梦想，并为之不懈奋斗，就有可能实现自我价值的最大化。

　　科技创新创业的榜样还为青年提供了一种全新的思维方式：敢于质疑现状，勇于突破传统界限。这种坚韧不拔的精神能够深深打动年轻人，让他们明白，在面对困难时不应轻易放弃，而应将其视为成长的机会，从而培养出解决问题的能力和克服障碍的决心。

第三章

产业根基——民营经济与数字经济：驱动产业升级的双轮

浙江的科技创新与地方产业紧密相依，地方的产业基础为科技创新提供坚实的物质保障和丰富的应用场景，产业特色又引领着科技创新的方向。同时，科技创新又在不断反哺产业，成为产业升级发展的强大引擎，助力传统制造业提升生产效率和产品质量，促使新兴产业蓬勃兴起。如此一来，产业基础、产业特色与科技创新相互促进，形成良性循环，共同铸就浙江独树一帜的科技创新模式与蓬勃的产业发展格局，让浙江在创新之路上稳步前行，绽放耀眼光芒。

我将在本章为大家剖析一下浙江的产业根基，特别是浙江产业发展不断迭代的过程。我们将看到浙江如何从改革开放初期"村村点火、户户冒烟"开始，形成浙江制造的块状经济，又如何经过"凤凰涅槃"进一步迈向浙江创造。这中间，作为浙江的特色，民营经济和数字经济发挥着重要的积极作用，特别是在新经济领域中的带动作用。浙江的产学研融合也有着自己的特色，高校、科研机构与企业形成合力，共同推动产业的科技创新。

浙江产业的迭代：从"轻小集加"到数字经济

改革开放初期，浙江依托沿海区位条件，凭借"轻小集加"的结构特点，利用较为活跃的市场因素，顺应农村大量剩余劳动力向非农产业转移的迫切需要，调整工业发展思路，着力推进农村工业化，掀起了浙江工业化进程新的历史篇章。1979—1991 年，浙江省工业总产值从 158 亿元增加到 1801 亿元，年均增长 20.1%。工业经济总量在全国的位次从 1978 年的第 15 位提高到 20 世纪 90 年代初的第 6 位。农村工业总产值占浙江省工业总产值的比重从 1978 年的 16% 上升至 1991 年的 48.3%，接近半壁江山。到 21 世纪初，浙江人均 GDP 已接近 2000 美元；2001 年三次产业占 GDP 的比重分别为 9.6%、5.8% 和 38.6%，其中工业占 GDP 的比重达到 46.1%；全社会劳动力中，非农产业劳动力比重达 66.6%。①

以绍兴柯桥为例，纺织产业从家庭作坊起步，逐渐形成了庞大的纺织产业集群。1983 年，柯桥镇只有 10 余个布摊从事绸布买卖活动；到 1984 年，售布商户出现井喷式增长，发展到 200 余家。1985 年，柯桥轻纺市场开业，当时市场内设有 77 个门市部、89 个摊位，日客流量近 4000 人，年成交额约 2000 万元；1992 年，轻纺市场成交额已达 16.6 亿元，成为全国规模最大的布匹交易市场。当年 6 月，绍兴轻纺市场正式更名为"中国轻纺城"。② 这种以"轻

---

① 改革开放 30 年浙江工业化发展历程回顾 [OL]. [2008-12-25]. http://www.reformdata.org/2008/1225/15802.shtml.

② 绍兴撤地建市 40 周年 | 柯桥轻纺市场开业 [OL]. [2023-10-24]. https://mp.weixin.qq.com/s?__biz=Mzg3MDY2NTQxNA==&mid=2247509598&idx=1&sn=ee0399836845b3de0d9e3044eba83768&chksm=ce88bbf7f9ff32e1fc5cc5d396b254a77a6cb9039d882a63e3435519423b5ff893818037d787&scene=27.

小散加"为特征的产业模式，在当时解决了大量劳动力就业问题，为浙江经济的原始积累奠定了坚实基础。

随着经济的发展，"轻小散加"产业模式的弊端逐渐显现。这些企业大多规模较小，技术水平落后，产业布局分散，产品附加值低。以温州的打火机产业为例，巅峰时期，温州有超过3000家打火机生产企业，年产打火机5.5亿只，占据全球80%和全国95%的市场份额，成为名副其实的世界打火机生产基地。但这些企业主要以模仿生产为主，产品同质化严重，利润微薄。在技术创新方面，企业缺乏资金和人才投入，难以进行技术升级。同时，集体所有制企业在管理体制上存在一定的弊端，决策效率低下，难以适应市场快速变化的需求。而且这些企业主要做加工制造，处于产业链的低端，对资源和环境的依赖程度较高，面临着资源短缺和环境压力的双重挑战。

"腾笼换鸟、凤凰涅槃"开启转型之路

2000年年初，浙江的产业格局站在了时代的十字路口，传统发展模式的局限性逐渐凸显，一些地方还因为环保问题相继引发群体性事件，迫切需要一场深度变革来突破瓶颈、重塑辉煌。如何应对这些发展中的问题？ 2004年，浙江省委为了落实"绿水青山就是金山银山"的理念，提出了"腾笼换鸟、凤凰涅槃"这一影响深远的发展理念，这是"八八战略"的重要内容和产业变革措施。

"腾笼换鸟"形象地描绘了一场产业结构的重大调整。它意味着要坚决摒弃传统制造业中那些高消耗、高污染、低产出的产业和

企业，就如同清理掉老旧且不再适宜的鸟巢，为更具活力与潜力的产业腾出广阔空间，迎接"金凤凰"的栖息。拿造纸行业来说，2005—2010 年，浙江以破釜沉舟的勇气和决心，向落后产能宣战。在那 5 年里，全省范围内关闭规模小、污染重的造纸企业，淘汰落后产能达 5 万吨。[①] 这些小造纸厂，曾经是浙江经济发展初期的参与者，但随着时代的发展，它们成了生态环境的沉重负担。关闭这些企业并非易事，就业安置、经济转型压力等如何解决？台州医药化工行业比较集中，我目睹和感受到面临的挑战和困难。浙江没有退缩，通过政府引导与支持，一方面积极为下岗工人提供再就业培训和岗位推荐，另一方面推动相关产业向绿色、高端方向转型。这一举措极大地改善了生态环境质量，更为那些优质企业的茁壮成长开辟了广阔天地，让有限的资源能够集中投入更具价值的产业发展中。

"凤凰涅槃"则是对企业自我革新的鼓舞与鞭策，鼓励它们通过技术创新、管理创新和品牌建设实现转型升级。这是一场如同凤凰浴火重生般的艰难考验，也是企业迈向新生的必经之路。在产业转移与承接方面，浙江积极布局，展现出了非凡的战略眼光和魄力。将一些劳动密集型产业有计划地向中西部地区转移，是一次资源的优化配置。嘉兴的部分服装加工企业就是典型代表，它们把生产环节迁移到江西、安徽等地。在这些地区，丰富的劳动力资源和相对较低的生产成本，为企业的发展提供了新的机遇。企业借助当地的优势，不仅降低了生产成本，还带动了当地的经济发展和就

---

① 宦建新. 浙江：7% 能耗支撑 11.8% 增长 [N]. 科技日报，2011-04-08(01).

业。同时，浙江积极张开双臂，大力承接高新技术产业和现代服务业。杭州精心打造的高新技术产业开发区，凭借其完善的基础设施、优惠的政策和浓厚的创新氛围，如同一块巨大的磁石，吸引大量电子信息、生物医药等高新技术企业纷至沓来。2010 年，杭州国家高新区的高新技术产业实现技工贸总收入 1010 亿元，同比增长 18.8%，高新技术企业实现利润总额 115 亿元，同比增长 38.2%。① 到 2024 年，杭州国家高新区（滨江）实现 GDP 2887.8 亿元，已累计培育上市公司 74 家，拥有专精特新"小巨人"企业 100 家，有效国家高新技术企业超过 2800 家。② 这些高新技术企业的入驻，不仅带来了先进的技术和管理经验，还促进了产业链的完善和升级，成为浙江产业升级的重要引擎。

众多企业也积极响应"凤凰涅槃"的号召，主动踏上转型升级的征程。正泰集团便是其中的杰出典范。曾经，它只是一家传统的低压电器制造企业，在激烈的市场竞争中面临着诸多挑战。但正泰集团凭借敏锐的市场洞察力和勇于创新的精神，踏上了破茧成蝶的蜕变之路。2006 年 6 月，投资 2.6 亿元、占地约 206 亩、建筑面积 13 万平方米的正泰集团技术中心在上海开工建设，这标志着正泰集团在加大科技研发投入、提升技术研发水平方面迈出了重要一步。一年后，正泰集团技术中心被认定为国家级企业技术中心。2007—2017 年，正泰电器的研发费用投入复合增速达 20% 左右。

---

① 张耕. 政府工作报告（2011 年 2 月 25 日在杭州市滨江区第三届人民代表大会第五次会议上）[OL]. [2011-02-28]. https://www.hzbjrd.gov.cn/about/detail/29/2875.

② 2024 年高新区（滨江）国民经济和社会发展统计公报 [OL]. [2025-04-03]. https://www.hhtz.gov.cn/art/2025/4/3/art_1229574514_4343583.html；国家级"小巨人"率先破百家 [OL]. [2025-01-10]. https://www.hhtz.gov.cn/art/2025/1/10/art_1487008_59071106.html.

为了提升技术水平，正泰集团还积极引进国内外高端优秀人才，为企业注入了新的活力和创意。在研发过程中，团队面临着诸多技术难题，但他们没有放弃，日夜攻关，最终成功开发出一系列智能化电器产品。这些产品不仅在功能上实现了创新，能够满足市场对智能化、高效化电器的需求，而且在品质上也达到了行业领先水平。产品一经推出，便凭借其高附加值和卓越性能，迅速赢得了市场的青睐。正泰集团的市场竞争力得到了显著增强，品牌知名度也不断提升，成为业内领军企业。

除了正泰集团，还有许多浙江企业也在这场转型升级的浪潮中积极作为。在纺织行业，绍兴的一些企业加大对智能纺织设备的投入，实现生产过程的自动化和智能化，不仅提高了生产效率，还降低了人工成本。在化工行业，部分企业加大环保技术研发，开发出绿色环保的化工产品，既符合市场需求，又减少了对环境的污染。

浙江产业在"腾笼换鸟、凤凰涅槃"理念的指引下，成功告别十几年前的困境，迎来了华丽的蝶变。从过去的"低小散"逐步迈向"高精尖"，从"浙江制造"大步迈向"浙江创造"。正如一位浙江企业家所言："高端制造很辛苦，但这条路上不拥堵。"浙江凭借着这份敏锐与果敢，向着更高的目标攀登，不断追求创新发展。传统产业在技术创新和管理升级的推动下，"老树发新枝"，焕发出新的生机与活力；新兴产业在政策支持和市场需求的双重驱动下，"新芽成大树"，茁壮成长为经济发展的新引擎。事实上，产业转型升级的道路不是一次完成的，旧的矛盾解决了，新的矛盾又会出现。浙江秉持这一发展理念，不断优化产业结构，提升产业竞争力，在经济发展的道路上不断创造辉煌。

"四换三名""八大万亿产业"引领发展新方向

2013 年，浙江在率先打响"五水共治"治污大战役的同时，再一次高瞻远瞩地提出了"四换三名"战略。这一战略涵盖"腾笼换鸟、机器换人、空间换地、电商换市"以及培育"名企、名品、名家"等内容，如一把锐利的宝剑，旨在斩断过度依赖低端产业、低成本劳动力、资源消耗和传统市场模式的发展枷锁，为浙江经济开辟新的航道。2015 年，"八大万亿产业"（信息、环保、健康、旅游、时尚、金融、高端装备制造、文化）被郑重地纳入"十三五"规划，成为推动浙江经济驶向创新驱动与高质量发展彼岸的强劲引擎。

"四换三名"战略一经实施，便在浙江大地掀起了一场创新发展的热潮，成效显著，令人瞩目。

先看"机器换人"，它为企业的生产模式带来了革命性的变化。宁波欧琳厨具有限公司在 2014 年开始了"机器换人"。改造以后，几乎所有流程都由计算机操控完成，工人只需把物料准确地搬运和摆放就可以了，产品制造、清理环节，包括最后的包装都能全自动进行。以抛光工序为例，按一天生产 1000 个水槽计算，传统生产方式至少需要 80 名工人，而一套自动抛光设备就可替代 30 名工人。[①]2015 年，位于湖州的浙江久立特材科技股份有限公司投入巨

---

① 程鹏宇. "中国制造 2025"的浙江探索：全国首个试点示范城市宁波主攻智能制造 [N/OL]. [2016-10-05]. 杭州日报, https://zjnews.zjol.com.cn/zjnews/nbnews/201610/t20161005_1955012.shtml.

额资金，引进国际先进的自动化轧制设备与智能控制系统，对特材生产流程进行深度改造。在此之前，公司的特材轧制环节高度依赖人工操作，不仅效率低下，而且产品质量的稳定性也难以保障。引入自动化设备后，不仅整条生产线比原来节省了 1/3 左右的用地，工人的数量也降至 120 人，少了近 200 人，人力成本大幅降低。同时，工人的人均产值达到 316.7 万元，生产效率得到极大提高。[①]我在调研笔记中深有感触地说过，"机器换人"不仅换出生产效率和质量，而且换出了劳动者的安全和尊严。

"电商换市"更是让浙江的商业格局和业态焕然一新。义乌小商品市场，这个闻名世界的"小商品王国"，积极拥抱电商时代的浪潮，开启了转型之路。根据义乌市电商办（全称为"义乌市电子商务工作领导小组办公室"）的数据，2015 年，义乌全市电子商务实现交易额 1511 亿元，快递日均出货达 250 万件，其中国际快递 60 万件。[②]2024 年，义乌全市电子商务实现交易额 4924 亿元，增长 11.3%，网络零售额保持全省第 1 位，快递业务量达 126 亿件，稳居全国第 2 位，妥妥的"包邮区扛把子"。[③]在市场里，随处可见商家忙碌地处理线上订单的情形。曾经，商家主要依赖线下交易，市场范围有限；如今借助电商平台，他们的商品如插上了翅膀，飞向了全球 200 多个国家和地区。那些精巧的文具、可爱的玩具、精美的饰品，跨越千山万水，出现在世界各地消费者的面前，极大地

---

① 李丹超. 机器换人，人管机器 [N]. 浙江日报，2016-01-06(19).
② 龚献明，陈溪光. 义乌全力打造世界"小商品之都" [OL]. [2016-08-29]. http://www.rmlt.com.cn/2016/0829/438411.shtml.
③ 温建飞. 二〇二五年政府工作报告（2025 年 2 月 15 日在义乌市第十六届人民代表大会第四次会议上）[OL]. [2025-02-20]. https://www.yw.gov.cn/art/2025/2/20/art_1229143244_4209505.html.

拓宽了市场空间，让义乌小商品市场的影响力辐射全球。

"空间换地"是指发展多层生产车间，拓展发展空间。这是金华特别是永康五金制造企业创造的经验，被省政府总结推广到全省。2014年，永康能诚集团董事长王斌坚自行构思设计新建的一幢4层厂房，成为全省节约集约用地的创新典型。其特殊之处在于：4层32米高的厂房，每层都可以当作底层使用，上百吨的重型设备可以直接进出，无须拆卸搬移，百辆23米长的大货车能同时在大楼内装卸货，并可以在任意一层调头。除此之外，厂房还预留了更多拓展空间，可以根据企业的发展需要，在楼顶之上再加2层，变为6层；同时对1~4层内部柱子预埋了8~10个螺丝，可以进行内部加层，4层厂房就可以变成8层。借助这一经验，群升集团主动要求拆除3幢单层厂房后重建，厂房面积扩容3.26万平方米。和拿地新建相比，老厂房改造成本更低。[①]

在"三名"培育工程中，吉利汽车无疑是一颗璀璨的明星。多年来，吉利汽车在发展道路上不断奋进，逐渐成为浙江"名企"的杰出代表。在产品研发上，吉利汽车从不吝啬投入，尤其是在收购沃尔沃之后，借助其技术优势，实现了自身研发能力的飞跃。2015年，吉利汽车推出的博瑞车型，犹如一颗重磅炸弹，在汽车市场引起了轰动。这款车不仅凭借时尚的外观、流畅的线条让人眼前一亮，而且凭借先进的技术，如智能驾驶辅助系统、高效的动力系统等，为驾驶者带来了卓越的体验。博瑞车型的出现，树立了国产中

---

① "空间换地"换来886亩新增用地 [OL]. [2014-06-06]. https://zrzyt.zj.gov.cn/art/2014/6/6/art_1292568_5633865.html.

高端汽车的新标杆，成为"名品"的典范。而吉利汽车创始人李书福，则凭借卓越的商业智慧和勇于创新的精神，成为备受瞩目的知名企业家，这也更有力地推动了"名家"的培育。

"八大万亿产业"，标定了浙江产业发展的战略方向，同样成绩斐然。

在信息产业，阿里巴巴集团无疑是"领头羊"。2017财年，阿里巴巴营收达1582.73亿元，利润578.71亿元。到2024财年，阿里巴巴实现年度营收达9411.68亿元，利润1003.51亿元。一走进阿里巴巴的办公园区，创新的气息便扑面而来。无数技术精英在这里日夜奋战，为阿里云的发展贡献着智慧。阿里云凭借强大的计算能力和优质的服务，为全球数百万企业提供了云计算支持，带动了杭州信息产业的蓬勃发展。越来越多的相关企业被吸引而来，人才也纷纷会聚于此，形成了一个充满活力的信息产业生态圈。

在环保产业，浙江菲达环保科技股份有限公司（以下简称"菲达环保"）专注于大气污染治理，是守护蓝天白云的"卫士"。其研发的高效脱硫、脱硝、除尘设备，广泛应用于电力、钢铁等行业。在发电厂的烟囱旁，在钢铁厂的生产车间，菲达环保的设备默默发挥着作用，将有害气体和粉尘转化为无害物质，让天空变得更蓝，空气变得更清新，不仅助力浙江的环境改善，也为全国的环保事业做出了重要贡献。公司营业收入2012年为16.76亿元，到2023年为43.53亿元，实现归母净利润2.29亿元，同比增长49.86%。

在这些政策的有力推动下，浙江的产业结构得到了优化，新兴产业如雨后春笋般崛起。到2024年，浙江高端装备制造业产值占比不断提升，规上工业单位能耗持续下降。浙江的产业正迈向高质量发展的新征程，为浙江经济的持续增长注入了源源不断的强大动力。在全国产业发展的大舞台上，浙江凭借这些创新举措，发挥着示范引领作用，成为其他地区学习的榜样，激励着更多地方探索创新发展之路，共同推动中国经济的繁荣进步。

数字经济"一号工程"：创新驱动的数字变革

在全球数字经济蓬勃发展的大背景下，浙江省于 2017 年提出实施数字经济"一号工程"，将数字经济作为"一把手"工程来抓，全力打造数字经济强省。浙江拥有良好的产业基础，制造业发达，中小企业众多，具备数字化转型的潜力。同时，浙江在互联网领域已经涌现出阿里巴巴等一批领军企业，积累了丰富的数字技术应用经验和人才资源。

数字经济"一号工程"的具体措施

数字经济"一号工程"的具体举措，每一项都蕴含着创新的智慧与决心，宛如点亮发展新引擎的关键钥匙。

政策支持，筑牢发展根基。浙江深知政策引领的重要性，率先发力，出台了一系列专项政策文件，如《浙江省数字经济发展"十四五"规划》（2021—2025 年）、《浙江省数字经济促进条例》等。这些政策文件如同坚实的基石，为数字经济的发展明确了目标、规划了重点任务，还提供了有力的法律保障。同时，浙江设立了数字经济专项资金，真金白银地支持数字经济核心产业发展、产业数字化转型以及数字基础设施建设。如 2024 年，为深入实施数字经济创新提质"一号发展工程"，加快打造全球先进制造业基地和全球数字变革高地，下达财政专项基金 14.8 亿元，带动市县各级政府和社会资本投入，为数字经济发展筑牢了坚实的经济基础。①

数字基建，搭建创新桥梁。推动数字基础设施建设是数字经济发展的重要支撑。浙江大力加快 5G 网络建设，截至 2024 年，全省 5G 基站数量达到 25 万个，累计在农村地区建成 5G 基站 10.2 万个，实现乡镇以上区域和重点行政村全覆盖。②5G 网络就像高速公路，为工业互联网、智能交通、远程医疗等数字经济应用场景提供了高速稳定的网络支撑，让数据传输畅通无阻。此外，浙江积极推进数据中心建设，为全球企业提供了强大的云计算服务，如同为数字经济发展搭建了一座稳固的桥梁。如阿里巴巴与杭州钢铁集团有限公司携手打造的浙江云计算服务中心，总投资 158 亿，计划建设 10 栋数据中心，承载 10 800 个服务器机柜，可运行 20 万台服务器。③

产业培育，打造创新高地。浙江聚焦数字安防、集成电路、软件和信息服务、人工智能、区块链等重点领域，加大招商引资力度，培育壮大本土企业。对入驻的数字经济领域企业，给予土地、

---

① 浙江省财政厅关于提前下达 2024 年省工业与信息化发展财政专项资金的通知 [OL]. [2023-12-01]. https://czt.zj.gov.cn/art/2023/12/1/art_1164164_58927880.html.
② 建成 5G 基站超 25 万个，5G 应用在"浙"里扬帆 [OL]. [2024-12-12]. https://zjca.miit.gov.cn/xwdt/gzdt/qydt/art/2024/art_b924d0f0aa6c4f4abc8a74aedeb2ef07.html.
③ 浙江云计算数据中心正式开服 [OL]. [2022-12-01]. https://www.hangzhou.gov.cn/art/2022/12/1/art_812266_59069723.html.

税收、人才等方面的优惠政策，如同张开温暖的怀抱，吸引企业扎根发展。同时，加强产学研合作，鼓励高校、科研机构与企业共建创新平台。之江实验室与阿里巴巴等企业合作，在人工智能领域联合研发，推动科研成果转化应用，共同打造数字经济创新高地。

产业转型，注入创新活力。 促进产业数字化转型是数字经济"一号工程"的重要任务。浙江实施"企业上云"行动，鼓励企业将业务系统迁移到云端，降低信息化建设成本，提高运营效率。通过树立标杆，引导更多企业开展数字化、智能化改造，为产业发展注入源源不断的创新活力。

产业数字化：浙江经济的华丽转身

在浙江，产业数字化是全面的，制造业、农业、服务业等行业都通过数字化转型，取得了许多令人瞩目的成效。

制造业数字化转型，开启智能化管理新时代。 浙江万向精工有限公司（以下简称"万向精工"）创建于1988年，是万向集团下属万向钱潮股份公司的子公司，专业生产汽车轮毂轴承单元产品。2023年，万向精工不断提升数字化设计与管理、智能化生产等能力水平，构建一个全面感知、泛在链接、深度融合、数据驱动和智能引领的5G全链接工厂。通过项目实施，他们建立了万向集团基于数字沙盘底座的工业互联网平台，实现了设备运行数据可记录、设备状态可视化、产品内涵视觉化、生产环境实景化、展厅形象IP化，有效提高了设备管理水平和综合利用率，帮助企业实现精益生产、降本增效，生产设备联网率达到了99%，设备综合效率

（OEE）提升了 5%，设备维修平均时间缩短了 30%，产能提升了
3%，能源消耗降低了 5%。①

农业数字化成为乡村振兴的"新引擎"。嘉兴的浙江青莲食品
股份有限公司（以下简称"青莲食品"）以数字化改革为抓手，赋
能"种质研发、智慧养殖、绿色生态、标准屠宰、冷链运输、精深
加工、数字销售、品牌驱动、牧旅融合"的生猪全产业链。青莲食
品的生态养殖牧场，偌大的场地内无人值守，数字养殖技术不但可
以实现精准饲喂，相关环境监测关键数据也会通过及时收集，实现
绿色养殖。旗下年产 30 万吨的智能化动物营养工厂仅需要 3 名员
工运维。每 10 万头猪养殖用工数从 250 人降至 35 人，平均鲜销率
从 60% 升至 91%，平均利润率从 1% 升至 6%，突破了传统养猪产
业的"天花板"。因为能感知养殖、加工、流通、消费等动态，流
通周转率从 15 天缩短到 7 天，行情动态预判提前 6 个月，实现了
从"产品思维"向"用户思维"的跨越。该公司曾在一个月内开发
新产品 56 款，其中有效产品达 32 个，市场成功率提高 47%。整体
规模单场从 3 亿元提升至 30 亿元，1 个"未来工厂"效益等于 10
个传统工厂的效益，充分彰显了传统领域数字化变革的澎湃活力。②

服务业数字化同样成果显著。杭州大厦于 2020 年上线"线上
杭大"小程序，构建"电商 + 直播 + 会员"三位一体数字化平台。
以现代技术应用为手段，杭州大厦不仅通过大数据黏住顾客，还借

---

① 5G+ 工业互联网创新应用案例（四十八）[OL]. [2024-11-15]. https://mp.weixin.qq.com/s?__
biz=MzkyMzY2MTM5OQ==&mid=2247489578&idx=4&sn=7ffc3f3f937140b20a2413898c6bce0f&chksm=c01fea90f8b7deaacd2df9ecf
734fc5f0f0d834adf23595ae178f1c3ae6e69a8c4ef502b2965#rd.
② 唯一民营企业发言代表! 海盐这家企业在全省大会上分享了硬核经验![OL]. [2022-06-30]. https://m.thepaper.cn/
baijiahao_18816031.

助数字化赋能内部管理，实现从内到外的全方位智能化，让整个商场更"懂你"。从物业经营模式转变为流量经营模式，杭州大厦利用流量聚合、场景打造、服务体验优势，构建数字化营销平台，将平台化的能力赋能给商家。借物业改造之机，杭州大厦在商场重要点位加载各种智能设备，在前场后场建立起数据收集的有效渠道，并汇总至总控室中央系统进行分析，对物业运行进行智能判断和预测，实现"中央管控，外围响应"；借助消防控制室升级的契机，同步升级智能安防系统，进一步提升智能安防水平，推动商场管理效能跃级。2021年，杭州大厦首次实现营业额超百亿元，填补了杭州乃至浙江百亿商场的空白；月均营业额比改造前增长29.83%，月坪效达9702元/平方米。^① 2024年9月20日，杭州大厦开启31周年店庆，3天销售即破7亿元。

数字产业化的成效：浙江经济的创新腾飞

浙江数字经济核心产业规模持续扩大，新兴数字产业快速崛起，为浙江经济发展注入源源不断的强劲动力。

浙江的数字安防产业堪称全球领先，海康威视和大华股份作为其中的领军企业，成绩斐然。以海康威视为例，2024年，这家全球领先的视频监控解决方案供应商，营业收入高达924.86亿元，净利润达到142.85亿元。海康威视研发中心有超过2.8万名研发人员，他们在视频图像处理、人工智能等前沿技术领域不断探索，取

---

① 厉害了！喜提首批全国"智慧"示范，就墅这个商圈和这家商店入选！[OL]. [2023-01-13]. https://mp.weixin.qq.com/s?__biz=MjM5OTUyNzY0NA==&mid=2655652165&idx=1&sn=6292040f990cb0047a063c68141087a&chksm=bde2e69afd65c550dc2250ebd541d441acc03c1e3686fb4a3ef9367b06ed33213e3d798bf6c4#rd.

得了众多专利成果。这些成果广泛应用于公共安全、交通、金融等诸多领域。如今，海康威视的产品已出口到全球150多个国家和地区，在世界各地的城市街道、机场港口、金融机构等场所，都能看到海康威视的监控设备在默默守护着安全。大华股份同样专注于视频监控技术研发，凭借卓越的产品性能，市场份额不断扩大。2024年，大华股份净利润近30亿元。这两家企业凭借强大的技术优势和市场竞争力，让浙江数字安防产业在全球数字安防市场占据重要地位。

蚂蚁金服旗下的网商银行，运用大数据与人工智能技术，为小微企业打造了一条金融服务的便捷高速通道。精准剖析小微企业的交易流水、经营状况与信用记录等海量信息，凭借这些深度洞察，网商银行源源不断地为小微企业输送"资金活水"。截至2024年，网商银行累计为5000多万小微客户提供了信贷服务，客户户均贷款余额约7万元，远低于全国普惠小微贷款余额户均水平，服务的是规模最微小的群体，其中80%左右的客户此前从未在银行获得过经营性贷款。此外，随借随还、无任何提前还款手续费的产品，高效支持了小微客户高频、多变的资金需求，平均贷款使用周期仅3个月。2020年，网商银行正式推出了基于卫星遥感技术的"大山雀"，通过卫星图像识别技术破解农村数据稀薄难题，看清农户种什么、种多少、种得好不好，还原农户经营真实情况。农户只需要在手机上圈定自己种的地块，点一点即可获得授信。目前网商银行能精准识别水稻、玉米、小麦、苹果、柑橘等农作物和经济作物，已经帮助超过150万种植农户获得了便捷、充足的信贷服务。众多小微企业和农户在这笔资金的助力下，突破了资金瓶颈，业务顺利拓展，成功为经济的蓬勃发展添砖加瓦，激发浙江的经济活力。①

区块链产业在浙江也踏出了坚实有力的前进步伐，杭州的趣链科技便是这一领域的开路先锋。趣链科技研发的区块链底层平台，犹如一座高效的"数字桥梁"，横跨金融、政务、能源等多个领域。以金融领域为例，以往的供应链金融存在信息不对称、信任缺失等难题，让企业融资成本高企，金融服务效率低下。而趣链科技与多家银行携手构建的区块链供应链金融平台，像是一台强力的"信任引擎"。借助区块链技术不可篡改、公开透明的特性，供应链上企业的应收账款融资、贸易结算等业务流程，从原本的蜿蜒曲折变得顺畅高效。趣链科技的产品在智慧城市、数字金融、数字法治、数字能源、数字"双碳"和智能制造等关键领域均实现广泛应用，现已落地200余项典型应用，服务超过300家国家机构及头部企业，支撑业务规模达数万亿元，服务全国数亿人。趣链科技牵头和参与制定区块链领域相关标准200余项，入选"浙江省第一批省级标准国际化示范单位"，是全球主导并参与区块链制定标准最多的企业。目前已申请区块链相关专利近900件，获得计算机软件著作权近200项，掌握关键核心技术发展主导权。区块链技术应用场景的不断拓展，有力推动了区块链产业的发展壮大，在浙江数字产业化的版图上增添了浓墨重彩的一笔。

浙江在数字产业化征程中所取得的卓越成就，不仅为自身经济

---

① 蚂蚁集团金晓龙：数字化转型提升小微金融服务质效 [OL]. [2023-12-26]. http://cwm50.net/newsinfo/6727032. html.

的高质量发展插上了腾飞的翅膀，也为全国数字产业的发展指引了方向，提供了宝贵的经验与借鉴。

"一号工程"在浙江经济走向数字化的过程中发挥了重要作用，而整个浙江的经济发展，则展现出三个主要特点。

首先，浙江经济是区域经济，多头并进，协同发展。浙江经济的蓬勃发展，并非仅靠省会杭州，而是众多城市携手并进，各自发挥优势，共同为全省经济增长与创新发展注入活力。

杭州堪称数字经济的佼佼者。2024 年杭州市数字经济核心产业营收突破 2 万亿元，实现增加值 6305 亿元，占全市 GDP 的28.8%，创历史新高。宁波是重要的制造业基地和港口城市，2024年，宁波舟山港完成货物吞吐量 13.77 亿吨，连续 16 年位居全球第一。金华的商贸业十分繁荣，2024 年，义乌中国小商品城市场抽样成交额超 2798 亿元，增长 20.02%。此外，温州的民营经济活力十足，绍兴的传统与创新融合发展，丽水的生态经济成果斐然……

其次，浙江的产业基础深厚多元，是科技创新的肥沃土壤。浙江工业由主要依赖农副产品初加工，逐渐拓展到机械制造、化工等领域。2023 年，在浙江规上工业企业中，高新技术产业、装备制造业、战略性新兴产业、数字经济核心产业制造业增加值占比分别为 67.1%、46.2%、33.3% 和 17.1%。这些企业正朝着智能化、数字化迈进，也正朝着创新发展的方向稳步前行。

最后，浙江先进制造业集群呈现出从块状经济到规模经营的跨越。永康被誉为"中国五金之乡"，是中国最大的五金产业集群之一。从原材料的生产到成品加工，集群产业不仅保障了原材料的稳定供应，还提升了产品质量，实现了资源共享和优势互补。到2024年，永康五金产业集群已发展壮大，五金企业超3万家，规上工业企业超1000家，从业人员超过40万人。五金产品种类达万余种，安全门、保温杯、电动工具、休闲运动车等产品的产量位居全国前列，五金产业产值占全市生产总值的比重达80%以上。

浙江经济的发展与跨越，是一部充满创新与拼搏的奋斗史，今天正以更加磅礴的力量，在全球经济舞台上绽放出耀眼的光芒。

民营经济的"蚂蚁雄兵"：创新驱动的发展引擎

浙江民营经济凭借其在经济发展中的重要地位、丰硕的科技创新成果、强大的持续进化能力以及在新经济领域的创新带动作用，成为浙江创新驱动发展的强大引擎。从传统产业的转型升级到新型产业的布局，从"地瓜经济"的国际化推进到产教融合打造可持续发展能力，再到民营新经济在创新引领和平台经济赋能方面的积极作为，浙江民营企业在科技创新的道路上不断探索、不断前行。

浙江民营经济迅猛发展

民营经济是浙江发展的显著优势，是推动浙江经济增长的关键力量。新中国成立70多年来，浙江人民在改革开放浪潮中拼搏奋进，创造了民营经济崛起的辉煌历程，助力浙江从资源小省发展为经济大省。

从综合实力来看，1953—1978 年，浙江个私经济占比仅为 5.7%。改革开放后，乡镇企业快速发展，1991 年企业数量达到 51.6 万个，从业人员为 523.4 万人，相比 1978 年有大幅增长。邓小平南方谈话后，浙江率先推进乡镇企业改制，1998 年多项经济指标位居全国首位。党的十五大明确非公有制经济地位后，全省兴办个体私营企业热情高涨，到 2000 年，个体工商户和私营企业数量大幅增加。近年来，浙江出台《浙江省民营企业发展促进条例》等法规和政策，推动民营经济发展。

2018—2023 年，浙江民营经营主体从 627 万户增至 1001 万户。"四上"法人单位中，民营企业超 12 万户。民营经济增加值 2023 年突破 5.5 万亿元，较 2018 年增加 1.7 万亿元，占全省 GDP 比重达 67.2%，成为经济发展的"主力军"。

在"2023 中国民营企业 500 强"榜单中，浙江有 108 家企业上榜，连续 25 年位居全国第一。2023 年度浙江省民营企业百强入围门槛超 200 亿元，销售总额增长显著，营收超 500 亿元、1000 亿元、2000 亿元的企业数量增加。截至 2023 年年底，在 A 股市场上市的浙江民营企业有 564 家，占全省 A 股市场上市企业 80% 以上，市值占比近 70%。

从社会贡献来看，2018—2023 年，浙江民营经济增加值增速高于 GDP 增速。其中规模以上民营工业企业不仅占比高，而且增加值占比大、增速快，对规模以上工业增加值增长贡献率最高。在外贸方面，2023 年，浙江有进出口实绩的民营企业超 10 万家，进出口额占全省的 80.2%，出口实绩企业超 9 万家，居全国首位。

2024 年，浙江共有 2125 家民营企业入围规模以上（上一年度营收 5 亿元以上）民营企业，数量较 2023 年增加 265 家，居全国第一。

浙江规模以上民营企业创造了大量就业岗位，规模以上民营服务业企业的用工人数不断增加。民营经济是税收的重要来源，2023 年民营经济的税收占比达 74%。在社会事业方面，民办养老机构、民营卫生机构在全省的占比也不断提升。

从科技创新来看，2023 年，浙江规模以上民营企业中，有研发费用支出的共 4.5 万家，研发费用占营业收入的 3.4%，合计研发费用同比增长 10.9%。研发投入转化率高，新产品产值和产值率都有所提升。截至 2023 年年底，民营企业中隐形冠军、"小巨人"、专精特新中小企业在各类企业中的占比均在 90% 左右。

浙江民营经济三次产业结构持续优化。2023 年，规模以上民营工业企业中，数字经济核心产业制造业、高新技术产业增加值增速快、占比提升，产业转型升级加速。

浙江民营经济持续进化、带动创新

浙江推进传统产业转型升级。浙江的纺织产业历史悠久，曾经以传统制造模式为主。近年来，众多民营纺织企业积极转型升级。走进绍兴柯桥的浙江恒鸣化纤有限公司（以下简称"恒鸣化纤"）的车间，机械臂快速转动，按指令将一卷卷化纤材料送上自助检验包装流水线；高达 30 米的立体仓库内不见人影，货架高耸至顶，一辆辆 AGV（自动导引车）穿梭其间，精准完成快速入库出库。从原料入库到成品出库，恒鸣化纤二期项目实现了生产全流程数字化、智能化，"未来工厂"已具雏形。前几年公司一直专注于生产线数字化改造，用数字驱动打通生产各个环节，年产量增加了 1/3。在此基础上，公司在二期项目建设中重点推进后道检验、包装等环节的数字化改造，项目投产后人力成本可节省 30%。①

另一个典型案例是万事利集团，它从传统丝绸产业起步，成功实现转型升级。万事利丝绸近年来开展的产业数字化提升、人工智能 + 科技等，正在改变外界对丝绸产业的认知。例如，万事利研发的无水印染一体机，通过人工智能精确控制染料用量，污水排放减少 99%，印染节能 40%~50%，染料用量降低 20%~30%。另外，它体积小、无污染，"一台机器就是一个印染工厂"，生产场地不再局限于车间，在门店、办公室等场所都可以进行印染生产，且 1 米面料就可生产，最快 2 小时拿成品，彻底颠覆了传统印染生产模式。②

浙江布局新兴产业。在生物医药领域，浙江的民营企业积极布局，取得了显著成果。作为民营生物医药企业的代表，2011 年，贝达药业成功研发埃克替尼等抗肺癌药物，打破了国外药物在该领域的长期垄断，时任卫生部部长陈竺院士在埃克替尼成果发布会上，评价这一成果"堪比是民生领域的'两弹一星'"。埃克替尼的问世，为国内癌症患者提供了更多治疗选择，且价格相对更为亲民。凭借这一创新成果，贝达药业在生物医药市场迅速崛起。2023年，贝达药业投入 10.02 亿元进行研发，研发投入占营业收入的

---

① 绍兴柯桥：打造"产业大脑"培育"未来工厂"[OL]. [2021-07-31]. https://baijiahao.baidu.com/s?id=17067767115138909509&wfr=spider&for=pc.

② 追"新"｜古老的丝绸遇上新兴的人工智能：50平方米就能开一家丝绸厂，2 小时就能交货 [OL]. [2024-06-12]. https://hwyst.hangzhou.com.cn/xzhzxzscl/content/content_8850113.html.

比例为 40.8%。公司当年实现营业总收入 24.56 亿元，同比增长 3.35%；归母净利润 3.48 亿元，同比增长 139.33%，成为浙江生物医药产业的领军企业之一。

浙江的民营企业在新能源产业布局广泛，尤其是在太阳能、风能等领域。晶科能源是全球领先的太阳能光伏企业，公司拥有大规模的生产基地。公司不断加大研发投入，2023 年的研发投入是 68.99 亿元，研发和技术人员约 1500 名。公司累计申请专利近 4200 件，专利授权超过 2800 件，成为光伏产业拥有专利申请和授权数量最多的企业之一，同时拥有行业领先的 N 型 TOPCon 相关技术专利 462 件。走进晶科能源的生产车间，一片片高效太阳能电池板在自动化生产线上有序产出。产品累计服务于全球近 200 个国家和地区的 4000 家左右客户，截至 2024 年年底，组件出货量累计超 300 吉瓦，已先后 5 年位列全球组件出货量第一。2023 年实现营收 1186.82 亿元，同比增长 43.55%；实现归母净利润 74.4 亿元，同比增长 153.2%。

浙江"地瓜经济"推进国际化。浙江民营企业积极实施"地瓜经济"战略，通过跨国并购整合全球资源。吉利汽车在这方面表现突出。2010 年，吉利汽车成功收购沃尔沃汽车，这一并购案震惊全球汽车行业。通过收购沃尔沃，吉利汽车获得了先进的汽车制造技术和研发团队，提升了自身的技术水平和品牌影响力。2024 年，吉利汽车旗下的领克品牌实现了销量的历史性突破，全年总销量达到了 28.5 万辆，同比增长近 30%。领克品牌凭借沃尔沃的技术支持，在产品品质和性能上得到了消费者的认可，成功打开了国际市场。此外，吉利汽车还通过与其他跨国车企合作，不断拓展海外市场，在全球多个国家和地区建立了生产基地和销售网络，实现了从国内汽车企业向国际化汽车集团的转变。

在海外投资方面，浙江民营企业同样积极行动。万向集团是一家在全球具有广泛影响力的民营跨国企业。他们通过在海外投资建厂，将产品直接打入国际市场，在美国、英国、德国等10个国家拥有近30家公司、40多家工厂，海外员工超过16 000人，是通用、大众、福特、克莱斯勒等国际主流汽车工厂配套合作伙伴，主导产品市场占有率达12%。万向集团通过海外投资，不仅拓展了国际市场，还提升了企业在全球产业链中的地位，实现了"地瓜经济"的向外延伸。

浙江持续推进产教融合。许多浙江民营企业与高校开展订单式人才培养模式。"吉利班"是吉利控股集团在平阳县职业中等专业学校设定的"成蝶计划"定向班，也是"现代学徒制"落地该校的第一个试点班级。该定向班遵循"优势互补、资源共享、互惠双赢、共同发展"的校企合作机制，每年开设5个汽修专业班，订单班约50人，采取工学交替、顶岗实习的"现代学徒制"模式，共同定向培养学生。吉利控股集团设有"实习基地"，并在平阳职专挂牌设立"吉利汽车人才培养基地"，由该校聘请企业技术人员为兼职教师，使学生在实践中获得职业训练和工作体验，为学生的实习提供真实的职业技能训练环境，让学生在"做中学"，师傅在"做中教"。企业技术人员每周抽半天时间来学校上课，而学生每个月进入企业一次进行实践操作。2017年以来，"吉利班"采取"五定五共同"的运作模式，校企双方共同编写特色教材，将企业文化融入教学课程，为企业"量身定制"人才。[①]

2024 年 3 月 26 日，浙江省首个快递物流产教融合学院——通达学院在"中国民营快递之乡"桐庐正式授牌。该学院由桐庐县政府联合浙江工商大学、杭州技师学院等高校及"三通一达"企业共建，瞄准快递行业人才缺口，以产教融合为突破口，为快递物流产业激活"人才引擎"。通达学院的成立，将为行业痛点提供"桐庐方案"。学院将开设智能物流、跨境电商、经营管理、小语种培训等专业，并与"三通一达"共建"订单班"，定向培养、输送专业技术人才。根据企业需求制定课程，企业高管来校上课，学生入企培训，产教不再是"两张皮"。[②]

浙江民营新经济的创新带动作用

在浙江，榜样企业发挥着创新引领作用。

阿里巴巴作为浙江民营新经济的典型代表，其创新引领作用辐射广泛。在电商领域，淘宝和天猫不断推陈出新。以淘宝为例，走进淘宝直播的基地，给人的第一感觉就是热闹非凡，主播们正热情洋溢地向屏幕另一端的消费者介绍各类商品。淘宝直播开创了电商销售的新模式。2023 年，淘宝直播商品交易总额约为 9800 亿元。2024 年"双 11"购物节，淘宝成交破亿元的直播间达 119 个，创

---

① 平阳"教学工厂"助力经济发展 [OL]. [2020-09-04]. https://www.zjpy.gov.cn/art/2020/9/4/art_1250934_56252624.html.

② 沈琳，唐丽婷，单佳铭. 浙江首个"快递学院"授牌 [OL]. [2025-03-27]. https://baijiahao.baidu.com/s?id=1827707746688975141&wfr=spider&for=pc.

历史新高，其中有 49 个破亿直播间同比增速超 100%。众多中小企业借助淘宝直播这一平台，将自家产品推向全国乃至全球市场。

在金融科技领域，蚂蚁金服旗下的支付宝改变了人们的支付方式。在浙江的大街小巷，无论是大型商场还是街边小店，都能看到消费者使用支付宝支付的场景。支付宝不仅提供了便捷的支付服务，还推动了普惠金融实践。余额宝活期理财以高流动性、低门槛特性冲击银行活期存款业务，倒逼金融机构推出竞争性理财产品，推动理财普惠化。花呗、借呗等产品为数亿用户提供灵活小额信贷，促使银行加速消费金融数字化转型，促进信贷规模增长。通过移动支付将金融服务从城市高端群体扩展到农村、偏远地区，突破了传统银行物理网点的限制，带动了中国金融服务的下沉。在跨境与生态扩展上，蚂蚁金服也起到引领作用，跨境支付网络覆盖全球，支持 56 种货币结算，推动了人民币国际化进程。蚂蚁金服还整合了医疗挂号、政务服务、出行交通等 8000 多项服务，形成"数字生活平台"生态。

在浙江，民营企业搭乘平台经济的快车，开启了产业发展的全新征程。

以菜鸟网络为依托，浙江众多电商类民营企业迎来了腾飞的机遇。义乌的小商品企业便是其中的典型代表。以往，这些企业在物流配送方面常常面临诸多难题，配送时效不稳定，成本居高不下，严重制约了企业的发展。但菜鸟凭借其强大的大数据分析能力，整合了海量的物流信息，为义乌小商品企业规划出最优配送路线。同时，菜鸟在全国乃至全球布局了智能化仓储中心，企业的货物能够高效存储与周转，大幅缩短了商品配送时间，提高了客户满意度。借助菜鸟网络，义乌的小商品成功拓展了市场，产品远销全球200多个国家和地区，订单量呈现爆发式增长，众多企业实现了规模的快速扩张。

大型企业在搭建量身定做的企业级工业互联网平台的同时，行业级工业互联网平台着眼于产业整体，为块状经济中小企业进行数字化改造。新昌的浙江康立自控科技有限公司针对纺织块状经济特点，打造了纺织行业级工业互联网平台，已接入150多家棉纺织企业，为企业提供纺织智慧工厂解决方案，帮助企业实现从生产、管理到服务的一体化流程管控。2018年，他们针对达利丝绸（浙江）有限公司开展的一系列技术改造提升和信息技术服务，使该企业生产效率由85%提升至95%，节省工资成本约130万元/年，降低能耗20%，经济效益十分显著。该平台还利用上线的150多家企业提供的实时生产数据，对未来发展进行预测，帮助政府对行业、地区未来的发展政策提供决策依据。[①]

浙江民营企业在平台经济的助力下，突破了传统产业发展的瓶颈，以创新为笔，描绘出产业发展的崭新画卷，为浙江科技创新生态增添了精彩的一笔。

产学研融合的"浙江解法"：协同创新的发展密码

在浙江，产学研融合恰似一把精妙的钥匙，解锁了协同创新的

---

① "平台＋产业"双向赋能 浙江绍兴平台经济"高歌猛进" [OL]. [2023=11-09]. http://www.zj.xinhuanet.com/2023 1109/79f18e23fc25405d9c02999795853873/c.html.

大门，为科技创新生态注入源源不断的动力。高校、科研机构与企业紧密携手，共同谱写着浙江创新发展的精彩华章。

高校：科研成果产业化的关键推动者

高校在国家科技创新体系里占据重要位置，是知识产出的关键阵地。大量影响深远的科研成果从高校诞生，对推动企业技术进步、解决经济社会重大科技问题意义重大。高水平科研成果的转化及产业化，是一流大学的重要标志，也是浙江高校服务社会的责任，其中的典型代表包括浙江大学、西湖大学、浙江工业大学、宁波大学、中国美术学院等。

浙江大学作为浙江高校的佼佼者，致力于解决科技与经济"两张皮"的问题，在科技成果转化上成效显著。"十一五"期间，浙大与万余家企事业单位签订了 15 295 项技术合同，合同金额 38.2 亿元，输出技术成交金额位居全国高校前列。[①]

具体来看，浙大推动科技成果转化的主要做法有以下几个方面。

搭建科技成果转让平台。浙大全力推动学校与地方的合作与社会服务工作。2001 年，浙大国家大学科技园开园，随后相继成立了地方合作委员会和浙大国际创新研究院，以及设立农业技术推广中心、工业技术研究院和创新技术研究院有限公司，让作为技术创新主体的学校和作为应用主体的企业（农户）实现无缝对接，让科技成果转化更有组织、有目标，还能整合各方资源进行协同创新，

---

① 浙江省 R&D 资源配置结构与成果转化研究 [OL]. [2014-09-11]. https://tjj.zj.gov.cn/art/2014/9/11/art_1530870_20981106.html.

解决生产实际问题。

优化政产学研模式。"政产学研"的浙大模式，是高校服务区域经济社会发展的典型模式之一。政府通过政策引领高校发展，产业为高校成果转化提供舞台，学校作为服务主体，研究机构输出知识创新成果。浙大以建设世界一流大学为目标，完善政产学研这一模式，在与地方合作中不断复制成功经验。

支持教师从事成果转化。浙大出台系列政策，设立社会服务与技术推广岗，还设置技术研发与知识转化高级专业技术职务岗位，根据成果转化业绩对教师进行评聘。2011年，学校允许教学科研岗教师短期全职从事成果转化工作。有了政策支持，教师能更积极地投身高科技成果转化。

除了鼓励和推动成果转化，浙江大学在推动科研成果转化与产业化方面也提供了四个可供参考的模式。

一是内部转化模式。浙大成立经营性资产管理委员会和投资控股有限公司，浙大国家大学科技园是科技成果转化和企业孵化的重要基地。二是校企合作转化模式。浙大与企业的合作从零星、自发走向规模化、有组织，合作层次不断提升，通过与骨干企业共建研发中心等方式解决企业技术问题。三是校地合作转化模式。校地合作是"点对面"的合作模式，从"产学研"升级为"政产学研"。浙大构建"2小时对接应答，4小时辐射响应"服务模式，与多个省份和经济强县市建立合作关系，在省内外建立技术转移中心和产业科技创新服务平台。四是联合转化模式。这是高校、政府和企业共同参与的新型协同创新模式。成立浙江大学创新技术研究院有限公司，由政府、高校、企业等共同出资，致力于技术研发、成果转化和企业孵化。

浙江大学通过多种举措和模式，积极推动科研成果转化与产业化，为经济社会发展注入强大动力。

"高起点、小而精、研究型"，以这种办学定位成长起来的西湖大学，既聚焦从 0 到 1 关键核心技术突破，又不忘为师生搭建产业化平台。让"实验室"牵手"生产线"，让更多科研成果转变成产业"成品"，元素驱动（杭州）生物科技有限公司（以下简称"元素驱动"）就是其中的佼佼者。

张科春，元素驱动公司创始人，他的另一重身份是西湖大学教授、牧原实验室主任。张科春在合成生物领域研究了 20 余年，开发了第一种可规模化生产的弹性生物降解高分子材料。在西湖大学顶尖基础科研平台的支撑下，他于 2021 年创办了合成生物科技公司元素驱动，致力于用科技助力生物制造、能源环境、新型材料等产业的升级。

2022 年，元素驱动与养殖业龙头企业牧原集团战略合作，完成首批饲料添加氨基酸量产交付。2023 年，西湖大学未来产业研究中心与西湖教育基金会启动新质生产力培育平台，元素驱动被列为重点支持项目，同时成为未来产业研究中心研发基地和产业化基地。[1] 2024 年 2 月，建德市与元素驱动签约年产 15 万吨元素新材料项目，[2] 一期工程已开工，预计 2025 年年底建成投产，助力相关

---

[1] 凌纪伟.向"新"而创——元素驱动的生物智造之路 [OL]. [2024-10-11]. https://baijiahao.baidu.com/s?id=18126 18515235446635&wfr=spider&for=pc.

[2] 赵芳洲.建德市与元素驱动（杭州）生物科技有限公司签约元素新材料项目 [N]. 杭州日报，2024-02-23(01).

产业绿色发展。

浙江工业大学在工程技术创新领域持续发力，统筹教育、科技与人才工作，致力于打造"工程科学技术的研究开发基地"。学校扎根区域产业转型升级，走出了特色创新之路。

近5年，浙工大在工程技术创新与社会服务方面成果显著。企业委托的横向科研经费累计达13.55亿元，基本与纵向科研经费持平。其间，累计授权专利9253件，其中发明专利6540件，完成1700余项成果转化，其中有2个合同金额超1000万元的项目。

2022年，胡晓君教授团队关于低压点"石"成"钻"的颠覆性成果发布后，唐合科技迅速通过莫干山研究院与团队对接，双方很快签订了1200万元的重大横向科技项目。2023年11月，双方共同成立的两个科研机构——莫干山金刚石研究中心和浙江工业大学-唐合科技金刚石联合研究院正式启用。

成立于2021年7月的德清县浙工大莫干山研究院，聚焦地理信息、生物医药等四大领域，成绩突出。成立不到两年，就实现了"鲲鹏计划"顶尖人才零的突破，引育众多国家级、省级人才，共建多个省级创新中心，与龙头企业共建15个联合研发中心，签约3项千万元级横向项目，年均研发投入超3000万元，还引育70多家科技型公司，产值超3亿元。

浙工大积极开展校地合作，与省内外60多个市、县（区）建立科技合作关系，在全省建立20家地方研究院。这些研究院获批多个国家级、省级创新平台，牵头建设多个产业创新服务综合体与概念验证中心。此外，校地合作建立或牵头建设15个技术转移中心和产业联盟，服务 3000 余家企事业单位，先后荣获 16 项"中国产学研合作促进奖"。①

宁波大学坚持深耕优势学科，为科研成果转化打基础。

力学学科冲击力学团队 30 多年来专注桥梁防护体系研究。面对船撞桥墩这一发生概率虽小但危害极大的问题，团队三代人不懈钻研。有人劝团队成员转换研究方向，认为冲击碎裂领域难出成果，可团队不为所动。靠着严谨治学，如今力学学科已处全国一流水平，"力学＋"前沿交叉研究正冲击世界一流学科。团队研发的智能潜浮式船舶拦阻技术，成功应用于港珠澳大桥，给大桥戴上"护带"，为桥梁安全保驾护航。

在海洋领域，学校聚焦海洋工程装备，跨海大桥防船撞关键技术与设施研发达国际领先；船舶绿色低碳技术特色鲜明，成果被众多大型船舶采用；植物病毒学研究所陈剑平院士团队，15 年累计鉴定超 9000 份种质资源，相关成果推广应用超 1 亿亩。

宁波大学水产养殖专业因在西北盐碱地成功实现青蟹量化养殖而备受关注。这背后，是师生们多年的艰辛付出。寒冬，学生泡在冰冷塘泥里打捞蟹苗；酷暑，研究生负重送苗，为保蟹苗存活，常熬夜工作。盐碱地养青蟹技术复杂，王欢副教授带领学生研究盐碱地成分与青蟹生长需求，根据不同盐碱地类型和青蟹生长阶段，精准补充离子和微量元素。到 2021 年，技术成熟，河南盐碱地养出的青蟹品质优良，且养殖过程绿色环保，还提升了盐碱地肥力，入

---

① 【浙工大·这五年】有组织地做有用科研，跑出科技创新高质量发展加速度 [OL]. [2024-04-13]. https://www.zjut.edu.cn/2024/0413/c4524a256851/page.htm.

选全球减贫最佳案例。如今，团队还在祖国的大西北试验多种海鲜混合养殖，助力农民增收。①

打通科研成果产业化的"最后一公里"，宁波大学在这方面积极作为，成果丰硕。

中国美术学院的前身为国立艺术院，1928 年由蔡元培先生创立于杭州西子湖畔。中国美术学院始终保持和社会的密切联系，及时感知社会需求并做出反应。中国美术学院有一半以上的学科都是在科艺融合的体系中发展的。自 2010 年起，中国美术学院先后建立跨媒体艺术学院、创新设计学院等，引入网络社会、数字科技、新技术哲学等研究板块及相应的创作教学板块，就是要在数字智能科技的大潮中实现艺术教育、人文思想的自我迭代。

设计不但是推动制造业转型升级和创意产业发展的重要生产力，更是推动日常生活创新和社会创新的重要动力。近年来，中国美术学院携手百余家国际设计师组织、国内外艺术院校以及数字科技与先进制造企业，发起成立国际设计智造联盟（DIU），共同打造一个"艺科商教"四维融通的创新联合体，深入探索"艺术—科技—思想充分联通、高校—政府—企业深度协同、教育—产业—社会整体创新"的高质量发展新模式，推动设计智慧与数字智能深度融合，促进文化创造与科技创新共生、设计进化与产业迭代共构。②

① 顾春.打通科技成果转化"最后一公里"[N].人民日报，2023-12-18(18).
② 高世名.扎根中国大地 争创世界一流美院（坚持"两创"铸就辉煌）[N].人民日报，2023-11-06(20).

企业与科研协同：创新发展的强大动力

企业是科技成果转化和应用的主体，在科技产业双向融合中，企业与科研的协同作用至关重要。从资金投入来看，浙江企业对科研的投入逐年增加。根据《2024年浙江全省高新技术产业运行报告》，浙江全省规模以上工业企业研发经费支出为3720亿元，[①]持续保持高速增长，为科研活动提供了坚实的资金保障。同时，企业基于市场需求，引导科研方向，提出实际的技术难题和应用场景，使科研成果更具实用性和市场价值。此外，企业还通过与大学共同成立研究实验室、自行成立研究团队、联合开展科研项目等方式，加强与科研单位的深度合作，实现资源共享和优势互补，共同推动科技产业的创新发展。

浙江众多企业与高校通过共同成立研究实验室，实现了资源共享和优势互补。浙江大学与蚂蚁集团达成战略合作，双方聚焦人工智能和数据要素领域，瞄准国家战略发展需求、解决产业级重大技术难题，成立"浙江大学–蚂蚁集团数据与智能联合研究中心"，打造具有国际引领性的一流产学研平台。联合研究中心是浙江大学校级研究中心，下设数据安全与隐私保护实验室、全球金融科技实验室、智能视觉实验室、知识图谱实验室、小微金融智能实验室等。相关实验室将整合浙江大学雄厚的科研资源和蚂蚁集团丰富的应用场景等资源，共同攻坚专项课题，开展人才合作、科技大赛、开源

---

① 我省高新技术产业增加值占比创新高 [OL]. [2025-04-13]. https://www.zj.gov.cn/art/2025/4/13/art_1229823372_
60264350.html.

合作、行业交流等工作。①

浙江禾川科技股份有限公司（以下简称"禾川科技"）致力于工业自动化核心部件的研发，自 2011 年创立以来，禾川科技高度重视研发，每年投入营收的 10%~15% 用于研发工作，也正因如此，企业实现了 60% 的复合增长率。禾川科技自主组建了国际领先的研究团队。团队成员来自全球各地，会聚了行业内顶尖的科研人才，他们在自动化控制、芯片技术、嵌入式软件等领域拥有深厚的专业知识与丰富的实践经验。在研发过程中，团队充分发挥自身优势，不断攻克技术难题，其新型编码器可将精度控制在 0.036 度，在转矩精度、速度波动率、速度环带宽、控制周期等关键性能参数方面，已整体逼近国外主流品牌水准。②

杭州华大生命科学研究院作为民营企业，联合浙江大学、中国科学院大学杭州高等研究院等高校，组建了超千人的科研攻坚团队，自主研发的空间转录组学技术精度较国际常用技术提升 200 倍以上，相关成果发表于全球顶尖生物学杂志《细胞》主刊。依托该团队，华大基因计划 5 年内投入超 20 亿元，聚焦基因测序、细胞治疗等前沿技术，目标是打造全球顶尖的科技创新公司。③

改革开放以来，特别是近 20 年来，浙江从"产学研"三字经到"政产学研"四字法，再到"政产学研金介用"北斗七星，以后又迭

---

① 陈佳乐.浙江大学与蚂蚁集团再次携手 共建数据与智能联合研究中心 [OL]. [2025-01-19]. https://it.gmw.cn/2025-01/09/content_37788821.htm.

② 瞭望·治国理政纪事｜推动民营经济新飞跃 [OL]. [2023-08-12]. https://news.cctv.com/2023/08/12/ARTIrsh9j2GrG5raAUsR1ayS230812.shtml.

③ 奋力谱写中国式现代化浙江新篇章｜激发企业创新活力 加速创新链产业链深度耦合 [OL]. [2024-11-21]. https://news.hangzhou.com.cn/zjnews/content/2024-11/21/content_8816489.htm.

代为"产学研用金、才政介美云"十指联动，在科技创新与产业创新融合上不断丰富和拓展着创新要素，为浙江的科技创新生态注入了源源不断的动力。置身浙江，能深切感受到这里浓厚的创新氛围。大街小巷中，创业的激情在涌动；产业园区内，创新的成果在不断涌现。浙江的科技创新生态并非一蹴而就，而是在长期的发展过程中，通过政策引导、企业奋进、科研助力等多方面因素共同作用形成的。

第四章

政府作为——当好服务市场"店小二"

有一本书一度引发广泛关注，书名是《为什么伟大不能被计划》，作者是两位全球知名的人工智能科学家——OpenAI（开放式人工智能公司）研究员肯尼斯·斯坦利和乔尔·雷曼。作者认为，世界充满不确定性和复杂性，无法通过简单的计划来预测和控制所有变量。伟大的成就往往源于对未知的探索，而非按部就班地执行。他们将科技创新研究比作寻宝，在一片迷雾重重的沼泽地里，目标未知，路线不定，不遵循线性逻辑，寻宝者的任务是不断寻找一个个的踏脚石、立足点，探索更多的地方，唯有如此才更有可能找到好东西。

诚然，创新如同"伟大"，可能无法被计划，但创新技术的突破，势必源于精准的定位、关键环节的把握以及在特殊资源配置上的比较优势。从浙江的实践看，政府有形的手不仅可以有所作为，而且可以发挥至关重要的作用。

有句话说得好，新时代开启前夕的迷雾中，总有人能"见人之所未见"。"杭州六小龙"之所以能够"平地惊雷起"，除了企业自身孜孜不倦的追求，离不开浙江各级政府常年来对科技创新和产业创新的重视。这样的说法应该不为过。

　　《干在实处 勇立潮头——习近平浙江足迹》一书中有个细节：2006 年，时任浙江省委书记的习近平同志亲自主持全省自主创新大会，大会提出：用 15 年时间，到 2020 年进入创新型省份行列，基本建成科技强省。会议筹备前，他特意将原拟订的"全省科学技术大会"改为"全省自主创新大会"。^①很多同志讲起此事印象深刻，其实它表达了一个清晰的思路，浙江科技创新应当走"自主创新"的道路。

　　此后的历届省委、省政府牢记嘱托，一以贯之地打好"创新牌"，通过制订战略规划、建设基础设施和平台载体、深化政务服务、培育壮大市场主体、引入高端人才等系列举措，激荡出广阔的创新市场，助力广大市场主体"自由生长"，在政府服务实践探索上也得到了强烈的回响。

　　2013 年，浙江省委、省政府领导对政府服务用得最多的话是"要当好'店小二'"，之后这句话一直成为浙江各级政府和干部服务经济和社会的"标签"。

　　省科技厅以"科技店小二"自称。在科技厅各级干部心里，就是要把各种人才、各种创新要素聚集到"店"里，让人才吃好喝好，心情舒畅，有使不完的劲儿去搞创新。这既是科技体制改革的要求，也是对科技管理部门的要求。针对当时科技体制存在的"四不现象"，"科技店小二"致力于发挥好聚合器、黏合剂、转换器、推进器作用。聚合器，就是把各种创新资源聚合起来；黏合剂，就

---

① 本书编写组.干在实处 勇立潮头——习近平浙江足迹 [M]. 杭州：浙江人民出版社；北京：人民出版社，2022：072.

是把科研单位、高校的科研人员与企业紧密结合；转换器是市场，要让市场起到决定性作用；推进器，就是说在科技成果的转化上，政府要助推一把，以打通最后一公里。

数据是最直观的答案。经过努力，浙江已然形成"5个百分之八九十"大格局，即企业的研发投入、研发人员、研发机构、承担的科技项目、授权专利均占全省的80%~90%。

市场需要阳光雨露时，政府就是及时雨；市场需要独立生长时，政府甘当背景板。在十四届全国人大三次会议浙江代表团开放团组活动中，浙江省省长刘捷代表向媒体阐述的一段话，直观地传达出浙江各级政府的工作轴线，即：高度尊重科技创新和产业发展的客观规律，坚持做到有效市场和有为政府相结合，政府服务"不叫不到、随叫随到"，政策兑现"说到做到、直达快享"，不遗余力支持新兴产业新模式和新业态的发展，努力实现"有求必应、无事不扰"的目标。

当前，"创新浙江"建设正在加快推进。相信在不久的将来，随着系列动作的落地实施，会推动更多高精尖人才挑起浙江发展的大梁，更多新生代企业成为书写创新篇章的主角。

浙江政务服务的"进化论"

水美则鱼肥，土沃则稻香。浙江的成功不在于培育具体的某一家科技企业，而在于打造创新环境，更准确地说，是优良的政府服务刺激了广阔的创新市场，孕育了这片创新沃土。

西方学界对政府与市场之间角色的争论持续数百年。亚当·斯密的《国富论》主张自由市场：市场竞争、自由贸易、经济自主调节；凯恩斯则强调国家干预：公共投资、财政扩张、调控供需平衡。这两大理论长期被视为水火不容。

中国的改革历程给出了新答案。1978年拉开帷幕的改革开放，打破了计划经济的桎梏，历经探索最终坚定选择市场经济。40多年改革中，"政府与市场关系"依然是核心命题。这个根本性问题决定了中国政务服务改革的路径选择与发展方向。

其间，浙江为全国乃至世界提供了丰富的实践经验和大量观察的样本。其中尤为显著的特色是：浙江政府与市场不是简单叠加，而是产生化学反应的辩证关系，即良性互动催生1+1>2的质变。从区域经济到"全球最大市场"，基业长青的现实图景印证了浙江是比较成功的。

敢于"放权"：构建市场信心

俗话说，理可顿悟，事需渐修。从管理型政府转向服务型政府，虽仅两字之差，但其理念、行动与角色的转变，绝非一朝一夕之功。这需要政府时刻倾听社会、企业与群众的呼声，不轻易放过来自基层的声音，找准牵一发而动全身的"主线任务"。在这一过程中，政府需不断刀刃向内，以自我革新的勇气突破藩篱，致力于营造更为公平公正的发展环境，为社会经济的持续进步奠定坚实基础。

在全国"放权为企"的征程中，浙江可以称为先行者。早在2004年，浙江就召开了一场聚焦机关效能建设的大会。时任省委书记习近平在会上明确指出，开展机关效能建设的重要目的之一，便是推动政府职能转变，使政府真正按照市场经济发展的要求来履行自己的职能。[①]

这番话，为浙江政府的转型变革指明了路径。此后，岗位责任制、服务承诺制、限时办结制、首问责任制等系列制度举措相继落地。这些制度的实施，有效革除了政府"门难进、脸难看、事难办"的积弊，让机关办事作风焕然一新。同时，政府将"效率即生命"的时代要求内化为政府机构的公共精神，助力企业抢占发展先机。

以企业注册登记为例，仅在机关效能建设启动当年，全省便取消许可事项8000余件，下放审批事项2000余件。联办项目办理时间大幅缩短近1/3，企业注册登记时间从原先的12个工作日锐减至2个工作日，大大压缩了企业的创办与创新周期。这一时期的"简政放权"，为浙江之后20多年持续优化营商环境、激发创新活力奠定了坚实基础。

改革彰显"有为"，善治近于"无为"。浙江在"克制权力、激活市场"的方向上行走的步伐坚定而有力。

2013年，浙江经济步入转型升级的关键节点，亟须从量的扩张迈向质的转变。这一年，浙江省委、省政府提出浙江经济要实现"质的转变"。

如何实现质的转变？一方面，在工业经济发展上大力推进"四

---

① 浙江宣传 | 政府"有为"与"无为"的深层逻辑 [OL]. [2023-03-19]. https://zjnews.zjol.com.cn/zjxc/202303/t20230319_25540819.shtml.

换三名";另一方面,在政务服务上推行"四张清单一张网"改革,构建行政权力清单、政府责任清单、企业投资负面清单和财政专项资金管理清单。后者是对政府权力运行的一次全面梳理与规范。同年,浙江政务服务网正式上线,标志着"四张清单一张网"拼图的最后一块成功补齐。自此,浙江经济社会改革与政府自身改革全面提速,并在随后数年深刻影响着浙江的发展轨迹。

四张清单,精准框定政府"体型",让政府权力的边界清晰明了;一张网,助力政府"瘦身"又"健身",提升了政府的服务效能。制定清单,作为防范权力盲目扩张与滥用的有力手段,已成为浙江各级政府工作的重中之重。

可见,权力清单不是普通单子,更不是口号,而是一项精心设计的制度、一种创新的机制。其最终达成的并非权力的简单罗列,而是对权力进行有条理、有逻辑、有法律依据的系统化规范。从操作路径来看,清权、确权、减权、晒权,循环往复,层层筛选,从而日臻完善。这一过程,需要浙江政府部门投入大量的时间与精力,以严谨的态度对待每一个环节。

在行政权力的梳理过程中,省政府依据职权法定原则,自我革新,精简权力,经历三轮"三报三审三回"(三次上报、三次审查、三次反馈),省级行政权力事项"瘦身"近七成,削减至4092项,全面打破"公章围城"困局。

不久后的2016年,浙江"最多跑一次"作为改革热词迅速走红网络。这项改革目标明确,旨在通过流程"打包"、数据"跑路",让企业和群众办事"最多跑一次"。历经3年努力,"最多跑一次"改革实现率和群众满意率分别高达 92.9% 和 97.1%，成为浙江的一张闪亮"金名片"。

此后的数字化改革，助推浙江在简政放权的路上一路疾驰。其核心在于，政府在政策制定、经济调节、市场监管、社会治理等方面加大力度，把适宜市场主体承担的事务交予市场。企业和社会等市场主体在更为宽松、自由、规范的环境中，能更加自主地开展生产经营活动，充分激发创新创造的磅礴力量。

"权力瘦身、市场强身"的治理辩证法，在市场红盘中得到了有力印证。如今，浙江每 6 个人就有 1 个市场主体，民营经济为全省贡献了 60% 以上的产值、70% 以上的税收、80% 以上的外贸出口。2023 年全省市场主体达 1040 万户，民营经济贡献了 67.2% 的 GDP 和 87.5% 的就业，连续 25 年保持全国民营企业 500 强数量首位。这一系列亮眼的数据，充分展示了浙江政府改革所取得的卓越成效。

善于"赋能"：满足企业需求

"有限"并非弱化，"无为"不是不为。"简政放权"是浙江政务服务改革的一面，但"有限"绝非让政府束手束脚，而是要求政府正确履职、积极作为。

特别是当前，科技创新正日益成为区域竞争的核心主题，对于高科技企业的争夺也比以往更加激烈。要想将企业留住，政务服务必须从"有没有"向"好不好"转变。

全国工商联"2022 年万家民营企业评价营商环境"排名中，

浙江营商环境满意度连续 3 年位居全国各省（区、市）之首。营商环境如同一面镜子，映照出政府服务的能力与水平。

行动的"加速度"是服务质量的一面镜子。习近平在浙江工作时提出，"提高效率是加强效能建设的目的所在"，要求"简化办事程序，提高办事效率，切实解决办事层次和环节过多的弊病，真正把机关职能从过去微观管理为主转到宏观管理、依法管理和搞好服务上来"①。

作为数字经济的桥头堡，浙江依托数字技术的"桥"和"船"，一跃成为"掌上办事之省""掌上办公之省""掌上治理之省"。

在这一过程中，"浙里办"发挥改革赋能倍增作用，成为整合公共服务、社会服务和市场服务功能的重要载体。比如，作为高频事项，浙江的企业注册过去流程极为烦琐，企业要分别向工商、质监、税务、社保和统计等部门提交工商营业执照、组织机构代码证、税务登记证、社会保险登记证和统计登记证 5 套材料，还要在 5 个不同部门盖章确认。这一过程，企业需准备 35 份资料，填写超 300 项字段，既消耗精力和时间，又增加出错概率。

后来，浙江推出"五证合一、一照一码"制度，借助公共数据平台信息共享，让各部门实时获取企业注册信息，企业无须重复提交。办事群众提交资料从 35 份减至 8 份，填写字段从 300 余项压缩至 35 项，办理时间大幅缩短。事实证明，政府在服务能力上做"加法"，能换来市场活力的"乘法"。据不完全统计，"五证合一、

① 浙江宣传｜政府"有为"与"无为"的深层逻辑 [OL]. [2023-03-19]. https://zjnews.zjol.com.cn/zjxc/202303/t20230319_25540819.shtml.

一照一码"实施后的一年里，企业开办时间压缩至 1 个工作日，平均为每个企业节省 20 个工作日，浙江新注册企业数量同比增长 20%，市场主体活力全面释放。

此外，点开"浙里办"创设的企业综合服务专区，从"政策计算器"的智能匹配，到"企业码"的全场景应用，500 多个便企服务事项、190 余类法人高频电子证照一应俱全。来杭、来浙的初创型科技企业可登录"浙里办"，在"科技创新"应用中的"浙里科技贷"模块测算企业创新积分，同步对接最多 3 家金融机构预授信，重大项目可采用"浙科贷过桥＋科创基金投资"组合方案。与此同时，各地按照省内统一建设规范，先后上线地方特色企业综合服务平台。

多次出圈的宇树科技就受到了服务"增速"的红利。他们的跨境股权变更业务涉及多个部门和众多环节，如果放在改革前，往往需要耗费数月时间。如今借助"浙里办"平台，系统能够自动抓取 28 个部门的数据，并智能生成合规报告，将原本漫长的办理流程大幅压缩至 1 小时。

除了提速，企业的幸福感也是政务服务重要的衡量标准。其内在逻辑在于，政策的制定不是为了让企业和老百姓做什么，而是立足企业需要什么、人民群众期盼什么，通过结构优化、职能转变、流程再造等方式，推动政府从管理型向服务型转变。

思想的转变并不容易。在传统行政模式下，政府部门是"柜台式服务"思维，被动等待群众"按图索骥"，服务供给与群众需求存在时空错位。而随着浙江优化营商环境逻辑的不断进阶，企业日渐突出的获得感成为浙江营商环境的重要评判标准。系列政务服务改革通过"需求侧倒逼供给侧"的机制创新，推动浙江政府主动转换治理视角，政务服务理念实现从"被动响应"到"主动服务"的模式转换，并由此开创了浙江政府治理现代化的新境界。

尤为难得的是，在此过程中，浙江不断强化群众的参与度、评价权与监督权，将改革效果的评判权毫无保留地交予群众，充分彰显从群众中来、到群众中去的工作方法和价值取向，使改革真正契合群众和企业的利益与诉求。

2024 年夏天，游戏《黑神话：悟空》火遍大江南北。这个由杭州游科互动科技有限公司（以下简称"游科互动"）开发的中国首款 3A 级游戏，在发售短短 1 小时内，就在全球 29 个国家和地区销量登顶。

在外界看来，《黑神话：悟空》似乎是横空出世，但事实上，任何爆红都有其背后的成因。比如游戏版号的申请，由于游科互动首次在杭申请，企业负责人对相关流程及本地的代理公司等并不熟悉，最初，企业甚至考虑要不要在更熟悉的城市申请。

杭州西湖区服务游科互动已有 6 年之久。为了让企业的版号能够顺利过审且留在杭州，西湖区积极协助企业对接园区内外的第三方服务机构，觉得不错的机构要再次筛选后再推荐给企业。同时，还争取开辟绿色通道，协助企业快速过审。

说来简单，实际操作并不容易。对接资源不仅需要对企业的实际情况有充分了解，还需要掌握大量的第三方服务机构等其他市场资源。2024 年以来，杭州西湖区探索大视听产业"一站式"服务改革，通过区级层面统筹，整合企业全生命周期所需的政务服务资源，对接网络剧指导、IP孵化基金、出海等增值服务。如此一来，企业在创业环节中遇到的难题都能得到高效解决。

西湖区"前置服务，全程协助"的工作思路，印证的就是浙江改革的一个过程。一直以来，浙江对于企业服务的优化提升措施，都是伴随着企业需求而改变。

在浙江全省，不同市县有不同的打法。比如温州龙港设置"中介三合一"等重点服务窗口和"印刷产业链"等特色"一类事"专区，宁波设置了"甬易办"，嘉兴海宁开发了"政务一厅"，舟山探索重点骨干企业定制化服务平台"一类事"，温州和衢州率先试点构建电子营业执照"企业码"应用体系，丽水创新开展7项"多合一"投资项目服务，杭州全国首创"政策超市"，宁波宁海向企业提供"政策体检单"服务，台州仙居医疗器械小镇联合企业建立了产业共享服务平台，绍兴开展试点单位人才项目自主评审，杭州积极探索市场化解纷机制，金华系统推进从"一个企业"到"一个产业"的预防性重点产业合规活动，绍兴柯桥创新"政产学研用"技术应用联动服务模式，金华义乌创新谋划"2+2+2"陆路启运港退税模式，台州黄岩"个体工商户您好"项目的数据赋能卓有成效。

可见，只要坚持以企业需求和企业满意为导向，不断地优化政府的施政理念、职能和治理模式，千帆竞发、百舸争流的市场发展景象自然就会呈现出来。

深谋"规划"，强化牵引能力

事必有法，然后可成。政务服务的切口要小，但是战略眼光要宏阔高远。在国家层面，2023年，重新组建科学技术部，对科技领导和管理体制进行了系统性重构、整体性重塑，加强了在战略规划、政策措施、重大任务、科研力量、资源平台、区域创新等方面的统筹，形成了"抓大放小"的战略格局。在浙江，科技服务的思维早早就从"分项目、分资金"转向了"抓宏观、抓统筹"，其要领就是规划牵引。

所谓"引"，不是强制性地干涉，而是强化科技创新规划，把准"纲"和"目"，找准企业创新发展的"牛鼻子"，认清未来的"制高点"，以此推动浙江创新建设取得实质性进展。

做好规划不是远离市场、远离创新主体。尤其是浙江创新实力整体较强，更要明确目标。当前，浙江区域创新能力位居全国第4，研发投入强度达3.2%，研发人员密度位居全国第2，战略性新兴产业占比超1/3……浙江科技企业和高新技术产业晋升为"引领者"到了突破的关键时刻。此时，浙江需要拿出一套行之有效、与时俱进的方法论"组合拳"，以顶层设计为牵引，助力形成宏观领域内的产业突破和链条互补。

从省域层面做好规划，需要把握两个方面：既要有长远的展望，设立"跳一跳够得着"的目标，也要有清晰的路线，制定5年、3年乃至每一年的目标任务，坚定走下去。比如，人工智能技术的发展深刻改变了生产力布局，使得大模型、数据、算力等成为数字时代的关键基础和发展底座，只有对这些进行适度超前布局，才能抢得数字化、智能化转型的先机。

过去，浙江集中力量打造了"互联网＋"、生命健康、新材料三大科创高地。随着人工智能、大数据、区块链、新材料等新兴领域的蓬勃兴起，新一轮科技革命和产业变革深入发展，浙江应势而谋，在整个体系上持续优化，将三大科创高地调整为人工智能、生命健康、新材料与新能源，并部署实施人形机器人、低空经济、集成电路、量子科技、生物科技等重大科技专项。

为了尽快将"蓝图"变为"底气"，浙江超常规投入实施"高原造峰"工程，竭力打造更多高能级科创平台。比如在人工智能领域，之江实验室重点攻关高效能分布式计算系统、天基分布式计算系统、高效能天地一体智能计算基础设施；省激光智能装备技术创新中心则着力突破智能控制与先进制造技术。这些攻关旨在突破高性能芯片、工业互联网架构、低轨卫星通信等"卡脖子"技术瓶颈。在生命健康领域，良渚实验室在系统医学和重大疾病的研究诊治方面取得突破，达到国际领先水平；湘湖实验室聚焦生物种业、绿色健康高效农业发展中的"卡脖子"技术并取得突破。在新材料与新能源领域，白马湖实验室围绕碳中和目标推进零碳能源技术创新，其技术攻关有力支撑了绿色石化、智能光伏等千亿级产业集群的发展。

各类"大平台"建设是科技服务的前置条件，在此基础上，浙江推动"平台＋高校＋企业＋产业链"结对合作，实施高能级科创平台"伙伴计划"，推动高能级科创平台、省属重点高校等牵手一家重点企业和一个重点产业链，服务一批产业链上下游企业。

这里有两个关键点。其一，将结对企业核心技术攻关需求作为科创平台自设重大项目的依据，支持科创平台、高校为企业提供定制化"研发代工"服务。其二，引导结对企业将科研机构建在科创平台、一流学科，由企业出题目、出资金，科创平台、高校院所配套人才、场地、设备等资源，围绕共同需求实施科研项目，科研成果优先在企业转化应用。

这些政策有很好的实践。比如在衢州，衢州巨化集团与衢州资源化工创新研究院开展了深层次的合作。两者在新型液冷热管理材料上开展联合攻关，相关成果打破国外垄断。在企业需求主导下，目前衢州全市已建成创新联合体22家，高能级科创平台和企业实施合作项目70项，产学研合作已不再是"纸上联姻"。

这意味着，创新资源、创新政策已经更多向企业倾斜，科技创新研究什么、攻关什么，让企业说了算。数据最有说服力，在2023年度浙江省科学技术奖的310项成果中，企业牵头或参与的成果达到286项，占比达95.7%，占据绝对优势。

勤于"钻研"：提高队伍水平

好的改革、好的政策需要人去执行，好的规划、好的制度更需要人去琢磨。现在，浙江的产业创新周期已压缩至6个月，干部的知识半衰期也须同步缩短。若要胜任本职工作，做到不说外行话、不办外行事，干部就必须增强补课充电的紧迫感，下大力气完善自身知识结构，切实增长实践才干，特别是要围绕经济社会发展中的重大问题，积极加强学习与深入调研，秉持"干什么学什么、缺什么补什么"的原则，有针对性地提升专业素养。对当前国内经济社会不断涌现的新现象和新问题，绝不能"吃老本"，仅凭过往经验来解决。

每年，杭州市委都会精心邀请国内相关领域的知名专家学者，为市委理论学习中心组成员、市直属单位等有关负责人开展培训授课。近期新一轮课程邀请到的是参加过民营企业座谈会（2025 年 2 月 17 日在北京举行）的企业家，他们分别是浙江省工商业联合会、正泰集团、宇树科技、杭州科百特等机构和公司负责人，它标志着杭州干部教育模式实现了从单向知识灌输向产政双向赋能的转变。

应该说，这种别具一格的"企业家课堂"，不仅是杭州推进"干部懂产业"能力建设的创新实践，也是在政企协同发展新质生产力方面实现的制度性突破。

从杭州滨江区看，该区域已汇聚 72 家上市企业，高新技术企业高度集聚，经济活力蓬勃进发。在这样的发展态势下，懂经济、懂治理已然成为干部必备的基本素质之一。只有深入了解企业的所想所需，才能切实为企业排忧解难。为此，滨江区设立了硅谷火炬讲堂，邀请海康威视、华为、浙大滨江研究院等单位的领军企业家、科学家，开展产业知识、前沿科技专题报告，累计已培训科级以上干部 5400 余人次。同时，滨江区持续探索政企联动的干部培养新模式，与华为（浙江）联合举办人工智能产业培训；与财通证券签订战略合作协议，接收第一批 8 名金融研究员，与各经济部门的干部互学互促，共同提升。

学习是前提，历练是重点。近年来，浙江大力推进"万名干部助万企"精准服务活动，为企业发展提供支持。实际上，"万名干部"与"万家企业"只是一个大致的说法。在浙江,营业收入超亿元的工业企业以及专精特新企业数量超 15 000 家,并且各地还可依据实际情况进一步扩大服务范围,如此一来,参与"点对点"重点帮扶企业的助企服务员数量也将超万人。

这一举措实际上对浙江干部提出了更高要求,倒逼他们不能仅仅坐在办公室里听汇报,而应更多地深入生产一线和市场前沿,切实了解企业在生产经营过程中的难点与痛点,并充分发挥主观能动性,为企业提供切实有效的服务。以杭州西湖区为例,紫金港科技城管理委员会负责人到任 16 个月,走访企业 270 家,全身心投入助企服务。

在"干部懂产业"这一鲜明指挥棒下,浙江企业区域创新能力居全国第 4,有力形成了"干部懂行—企业敢创"的良性循环。

总结起来,"干部懂产业"有四个维度的优势。

其一,干部能够成为产业政策制导的"定位仪"。在生物医药领域,浙江干部将深厚的专业认知转化为政策的精准度。以宁波杭州湾新区为例,药监干部通过系统钻研 CAR-T(嵌合抗原受体 T 细胞免疫治疗)技术路线,深入了解其技术细节与发展脉络,成功推动建立细胞治疗产品"分段式监管"机制。这一创新机制的实施取得了显著成效,某药企的临床试验审批周期从 18 个月压缩至 12 个月,加速了企业的研发进程。有了这种专业能力的助力,2023年,浙江生物医药产业集群规上企业营业收入达到 2629 亿元,总量规模居全国第一方阵。这清晰地表明,监管者不能局限于政策制定,更需成为技术解读者,这样才能制定出贴合产业实际、精准有效的政策。

其二，干部能够成为创新要素配置的"优化师"。绍兴集成电路"万亩千亿"平台的崛起，生动印证了干部技术洞察力的重大价值。当地经信干部深入探究光刻胶国产化技术瓶颈，对技术难题有着清晰且深刻的认识。基于此，他们积极联动中国科学院宁波材料与工程研究所（以下简称"宁波材料所"）建立联合实验室，会聚各方科研力量。同时，依据对技术图谱的精准把握，有针对性地引进12家上下游企业，成功构建起从设计到封测的完整产业链。这充分说明，干部对技术成熟度的判断，就如产业资源配置的"指挥棒"，直接决定着产业资源能否实现高效配置，进而决定能否推动产业快速发展。

其三，干部能够成为产研转化梗阻的"攻坚手"。在嘉兴南湖智造产业园，科技干部创新推出的"技术CT（计算机断层扫描）诊断"服务，成功打破了产研转化的僵局。通过对企业提交的23项智能网联汽车专利进行深入解析，当地政府敏锐地发现毫米波雷达算法存在适配缺陷。随后，他们迅速行动，引入浙江大学车载雷达团队开展联合攻关。经过不懈努力，产品良率提升了18个百分点，取得了显著成效。这表明，只有让干部成为内行，能够听懂企业的"技术方言"，才能有效打破政产学研之间的沟通壁垒，成为政产学研合作提速的关键驱动力。

其四，干部能够成为产业风险防控的"预警哨"。面对人工智能大模型带来的数据安全挑战，浙江干部展现出卓越的技术预判力。杭州网信办组建了一支由算法工程师转型的监管团队，这些专业人员凭借深厚的技术背景，建立起生成式 AI 全生命周期监管模型。该模型成功地提前识别了某电商平台推荐算法的 17 项合规风险，为平台的安全运营提供了有力保障。

时代变革的浪潮奔涌而至，经济社会的挑战伴随机遇。最好的改革需要最优的"执行"。政务服务改革不是"无畏"地突破底线红线，干部执行也不是墨守成规、照本宣科，最有效的组合方式是要在新形势新情况新问题面前提出创造性的解决方案，并抓好落实。应该说，只要党委、政府和广大市场主体心往一处想、劲往一处使，就没有比人更高的山、比脚更长的路。

抓早扶小锻造"浙江定力"

杭州近年来不少科技企业声名远扬，其发展成就和内在潜力有目共睹。但鲜为人知的是，浙江这片创新沃土中已孕育出 10 万家科技型中小企业。这一斐然成就的背后，是浙江数十年的政策坚守，是长期主义理念在经济发展领域结出的硕果。这些科技型中小企业，大多数从创业初期的微小规模起步，历经政府和社会各界的悉心培育，逐步发展壮大。

早期项目培育工作具有反馈周期长、随机性强的特点。在较短时间内，所获得的反馈很可能存在偏差，甚至会产生误导。因此，在这一过程中，保持长期战略定力就显得尤为关键，这无疑是一项极具挑战但又无比正确的事情。

面对如此艰巨的挑战，浙江并未有丝毫退缩与懈怠，而是主动作为、积极谋划，采取一系列超常规举措，以慧眼识珠的眼力和"咬定青山不放松"的定力，全力以赴将早期项目培育工作推向更高水平，为区域经济的持续创新发展筑牢根基。

"雏鹰计划"：助力企业走好"第一步"

在浙江省级发展布局中，"雄鹰计划"早早确立。该计划目标清晰，即致力于培育一批在国内外资源配置中占据主导地位、影响力巨大、具备强大集群支撑作用与卓越综合实力的领军企业，以及掌握关键核心技术、能够有效攻克行业重大技术难题，对保障产业链自主可控起到关键作用的先锋企业。与此同时，浙江积极引导各地重视并强化前置环节工作，对初创企业进行挖掘与悉心培育。

在这方面，杭州成为先行先试的典范。2010 年起，杭州精心谋划并推出"雏鹰计划"。这一计划以培育科技型初创企业为核心，通过资金支持、政策扶持、创业服务等多维度、全方位举措，全力推动初创企业快速成长。具体而言，杭州对首次认定的雏鹰企业给予最高 50 万元的奖励，为企业注入发展的"第一桶金"。不仅如此，"雏鹰计划"高度重视企业的可持续发展潜力，大力鼓励企业加大研发投入。对于符合相应条件的企业，给予最高 300 万元的补助，助力企业在技术创新的道路上加速前行。截至 2024 年年底，杭州已累计培育雏鹰企业超 3000 家，其中 78 家成功成长为独角兽企业或实现上市，高新技术产业增加值占比一路攀升至 72.33%，已然成为推动杭州经济高质量发展的核心动力引擎。

深入探究，"雏鹰计划"具有多方面鲜明特性。其一，无偿资助与贷款贴息双管齐下。新入库企业可直接获得 20 万元无偿资助，在 3 年培育期内，还能享受最高 2000 万元的贷款贴息优惠。以杭州曼孚科技为例，借助该政策，企业将研发投入强度从 12% 大幅提升至 35%，成功实现跨越式发展，并成长为自动驾驶数据标注领域的独角兽企业，充分彰显了政策在激发企业创新活力方面的强大效能。

其二，构建梯度培育体系。受扶持企业从市级"雏鹰"起步，按照科学发展路径，逐步向省级"雄鹰计划"和国家级高新技术企业的更高层级迈进。2024 年，杭州新增国家高新技术企业 2500 家，高新技术企业总量在全国稳居第 5，充分展现了梯度培育体系的显著成效。

其三，建立动态淘汰机制。通过严格的年度考核，将成长性不足的企业从"雏鹰计划"名单中撤除，仅在 2024 年，就对 326 家企业进行了优化调整。同时，积极吸纳 1589 家具有潜力的新企业加入，形成择优扶强的良性循环，确保"雏鹰计划"始终聚焦于最具发展潜力的初创企业。

当然，虽然"雏鹰计划"设有刚性的考核制约机制，但更多地体现出对初创型科技企业的深切关怀。从场地租赁补贴、人才招聘补贴，到创业投资引导，"雏鹰计划"全方位降低创业门槛与成本，以实实在在的"真金白银"鼓励企业加大研发投入，吸引了大批怀揣创业梦想的人才纷纷扎根杭州。

其中，宇树科技的发展堪称典范。宇树科技创始人王兴兴在学生时代便痴迷于机器人研发，彼时四足机器人领域尚属冷门，鲜有人问津。公司刚成立时，宇树科技一度深陷资金短缺困境，发展举步维艰。然而，杭州秉持长远眼光，并未以短期效益评判企业，而是果断通过"雏鹰计划"为其雪中送炭，提供税收减免、贷款贴息等一揽子优惠政策。在政策的有力支持下，宇树科技成功突破困境，逐步成长为行业内声名远扬的知名企业。

此外，对于浙江大学的师生创业项目，该计划同样给予大力支持，最高可提供 1000 万元的资助。企业入驻浙大科技园还可享受长达 3 年的免租优惠，为创业企业减轻了成本负担。由此，60% 的浙大毕业生选择留杭发展，其中 80% 的毕业生坚定地选择在杭州开启创业之旅，形成了人才与城市相互成就、双向奔赴的良好局面。

事实证明，只有秉持"放水养鱼"的理念，才能实现"水多鱼多"的繁荣景象。过去，60 后、70 后企业家往往将良好的政府关系视为重要的生产要素，而新生代企业家则更愿意与政府构建起创新共生体。可以说，当下的浙江，政企关系已经迈入从"政策套利"到"生态共建"的全新阶段，很好地体现了亲清政商关系。

如今，浙江政府越来越甘当"沉默合伙人"，给予企业足够的时间与空间，允许企业经历"十年不鸣"的蛰伏期。正是这份来自政府的坚定支持，企业才有底气成为"孤独的长跑者"，在创新发展的道路上砥砺前行，不断攀登新的高峰。

创新券制度：精准破解企业成长"绊脚石"

创新券制度是从国外引进的一种扶持初创、小型科技企业的政策。浙江的创新券最早在长兴诞生。2013 年，长兴在对接上海市研发公共服务平台时，大胆创新，率先提出跨省使用科技券，这一举措精准契合了县内企业对优质科创资源的急切需求。长兴对科技券的积极探索与应用，成功攻克了当地企业创新资源匮乏、创新需求低迷的难题，有力推动了高校院所、创新平台的科研仪器设备向社会开放共享，充分彰显了财政科技资金"四两拨千斤"的关键撬动作用。

2015年，省科技厅基于长兴的成功实践经验，将这一创新举措向全省推广，并通过地方性法规加以规范。此后，创新券逐步发展成为一项支持企业技术创新的普惠性政策。

创新券的核心机制在于通过财政资金补贴，有效减轻中小企业、创业团队等创新主体的研发成本压力。通过这种创新帮扶模式，有力整合了各地科研资源，成功打破了科研经费过度向大企业倾斜、小企业被边缘化的旧有格局，让众多小企业在创新发展的道路上更具信心与实力。

具体而言，创新券制度具备三大鲜明的核心特征：其一，采用电子凭证形式。企业可通过"浙江科技大脑"平台便捷申领电子券，用于支付检测、技术开发、咨询等服务费用，最高可抵扣50%的费用（单项服务每年上限20万元）。

其二，实行市场化运作模式。企业能够自主在全省600余家高校、科研院所及第三方服务机构中，自由挑选并购买涵盖生物医药、新材料、智能制造等10余个重点领域的专业服务。

其三，支持跨域通兑。创新券支持长三角区域通用，企业可使用浙江创新券购买上海、江苏等地的技术服务，极大拓展了创新资源的获取范围。

通过这种创新模式，创新券以有限的资金撬动大规模的创新活动，成功构建起"企业敢投入、科研机构愿服务、政府善引导"的创新生态体系。

创新券的现实价值主要表现在三个方面：第一是突出普惠性，覆盖90%以上的科技型中小企业，有效破解"小微创新难"的痛点问题；第二是侧重市场化，以企业需求为导向，反向推动科研机构提升服务质量与效率；第三是具备长效性，历经连续8年的迭代升级，成为浙江打造科创高地的关键支撑力量。这一制度不仅为中小企业切实减负，更通过资源整合与政策协同，成为推动浙江经济高质量发展的"创新加速器"。

事实上，浙江省内中小微企业数量超过400万家，众多企业并非缺乏创新意愿，而是研发成本高昂、门槛过高，令其望而却步。对大部分尚不具备强大研发实力的企业而言，每一次新产品的升级与开发，在研发、设备、检测、人员薪酬等方面的支出都是一笔沉重的负担。创新券制度的设立，能够降低创新准入门槛，激发全民创新创造的热情，为经济发展注入源源不断的生机与活力。

比如台州温岭的银威机电配件厂，原本计划花费2.8万元，委托温岭泵与电机技术创新服务平台设计一款水泵智能开关的外观造型，在申领科技创新券后，成功领到了1.65万元的创新券电子币。又比如桐乡市卡侬曼莎皮草有限公司的产品接受第三方检测机构抽检，此次抽检费用，企业只需承担50%，剩余50%可用创新券支付。

在浙江，像这样凭借创新券开启科技创新创业大门的企业家和创业者数不胜数。后来，浙江进一步扩容创新券资金池，整合省级财政奖补投入、市县财政资金投入以及企业和社会的大量资金投入。这种多元化的资金配置模式，成倍放大了公共科技投入的效能，大幅提升了公共投入效率。

总的来看，创新券项目中政府投入直接带动了 5 倍以上的企业和社会投入。例如，宁波枫康生物科技有限公司申请了 8 万元创新券支持，自身投入 57 万元，总投入金额达 65 万元，杠杆率超过 7 倍。

除了直接的资金支持，创新券也提高了科研资源的利用率。在过往相当长的时期内，科技资源配置呈现出严重的碎片化状态，这一顽疾极大地阻碍了企业技术创新活动的开展以及成果的转化。部分高校、科研院所与企业的设备不仅开发程度低，使用效益也不尽如人意，重复购置现象更是屡禁不止，造成了资源的极大浪费。

如何有效盘活科研资源，实现企业创新中科研需求与科研资源的精准对接，成为亟待破解的关键难题。创新券制度对此进行了延伸。

浙江早年建设了"科技创新云服务平台"，该平台创新性地将科技厅旗下的科研项目、企业研究院、高新技术企业、网上技术市场、科技报告等各类子平台，全面整合至同一个平台，成功打造成为企业申报项目、查询信息、开展服务评价以及获取各类服务的唯一入口。目前，浙江全省的 152 家省重点企业研究院、335 家省级企业研究院、282 家省重点实验室（工程技术中心）、2217 家省高企研发中心、84 个平台和 79 家科研院所等创新载体，21 000 多家高新技术企业、科技型中小企业和创新型企业，以及全部省级科研计划项目等，均已纳入该平台体系。平台拥有近 7.8 万条对外服务信息，7 万多台套科研仪器可对外提供共享服务，为企业创新提供了丰富且优质的资源支撑。

基于此,创新券项目从立项、实施到结项等信息,尤其是财务信息,均汇聚到浙江省科技创新云服务平台。在该平台上,可实时查看全省各市县区创新券使用情况,包括发放金额、已使用金额、已兑现金额、申领企业情况、使用企业情况、提供服务方情况等。云服务平台的手机版和 App,更是让任何人、任何单位在任何时间、任何地点都能便捷查看创新券项目的相关信息。借此,创新券项目真正成为"阳光项目",为从体制层面消除科研腐败现象进行了有益探索。

省市县协同:"全天候"保障企业发展

诸如"雏鹰计划"、创新券制度等,都是浙江在扶持培育中小科技企业过程中的有效探索。其要领在于:对企业的成功予以充分肯定与鼓励,对企业的失败亦能展现出包容的胸怀。在政策制定过程中,充分认识到科研活动的探索本质,理解试错的必然性,故而高度重视保护企业创新的积极性。

在这一过程中,省市县三级政府如精心耕耘的园丁,以高瞻远瞩的战略眼光和持之以恒的坚定信念,持续推出一系列颇具成效的制度性成果。这些成果持续积累沉淀,如肥沃的土壤,为培育卓越企业奠定了坚实基础。

在省级层面,制度性举措形成了完整的体系,成为不少初创企业、中小企业信心的重要来源。早在 2006 年,浙江就出台了《浙江省促进中小企业发展条例》,在法律层面为民营企业打开发展空间。随后，在 2020 年，浙江出台《浙江省民营企业发展促进条例》，这是全国第一部促进民营企业发展的省级地方性法规。之后，《浙江电子商务条例》等 10 余部与民营经济发展息息相关的地方性法规又相继出台。

除上述普惠性举措，浙江还出台了一系列针对科技型中小企业的优惠政策，如研发费用加计扣除、科技型企业培育计划等。

有恒产者有恒心。从一系列法规和连贯的政策体系中，不难看出浙江政府对于加快发展的紧迫感、责任感，也能看到浙江支持民营经济发展是可信的承诺。浙江政府全力争取政策、创新政策、用好政策，努力让那些群众有感、企业受益的好政策持续实施下去，这是浙江科技企业敢于应对冲击、面对不确定性的确定性。

全省各地也呈现出良性政策多点开花的态势，助力中小型科技企业的发展。以杭州为例，游科互动作为初创公司，怀揣着做高质量单机游戏的梦想来到杭州。在长达 6 年的研发期中，杭州始终耐心陪伴，静待花开。2019 年，公司属地西湖区艺创小镇提供了 3600 平方米的物业支持，主创冯骥考虑到未来发展，提出再租赁两栋办公楼，但要"等项目扩大了再来拿"。小镇管委会便真的将办公楼保留空置 3 年，直到 2024 年履约，还给予了一年免租优惠。

这就是信任，也是杭州给予初创企业的尊重。早在 2008 年，杭州就出台《杭州市高校毕业生创业三年行动计划》，从创业资助、平台建设、引导基金等方面给予支持，"中国杭州大学生创业大赛"也应运而生。此后的 16 年里，杭州助力大学生创业的初心不改，

"三年行动计划"已滚动出台 6 轮，政策增值叠加，受益面更广。

　　除此之外，在资金保障方面，杭州展现出坚定的决心。政策明确规定，市财政对科技的投入每年增长幅度不低于 15%，市本级每年新增财力的 15% 以上将用于科技领域。同时，统筹整合现有产业政策资金的 15%，集中投入培育新质生产力的关键环节。在人才引育方面，杭州持续优化人才引进、评定及服务机制，精准筛选出人才潜力股，并给予长期稳定的支持。例如，云深处科技有限公司于 2017 年注册成立，在 2018 年便获得杭州资本旗下两只子基金的首轮投资，成功助力其从 0 到 1 的艰难起步阶段。

　　这方面全省各地都有出彩之处。温州凭借自身雄厚的民营经济基础，积极推动传统产业与科技企业协同发展，探索出"文化＋科技"的跨界融合创新模式。对于年度研发投入超过 200 万元的企业，温州按照 5% 的比例，给予最高 100 万元的补贴。以温州意华控股集团有限公司为例，该企业专注于智能装备制造领域，在机器人技术方面具备深厚的技术积累。虽然在市场上已取得一定成绩，但在创业初期同样面临资金短缺的困境，得益于温州提供的科技型中小企业创新基金的支持，企业不仅解了燃眉之急，还为后续技术创新注入了动力。

　　衢州搭建"亲清半月谈"平台，借此深入了解初创企业面临的痛点问题，并针对性地制订解决方案。同时，设立"大科创"专项基金，对早期项目给予最高 500 万元的股权投资。这一举措为初创企业提供了关键的资金支持，助力其在创业初期站稳脚跟，开启创新发展之路。

宁波聚焦于新材料、智能制造等重点领域，通过实施设备补贴政策，加速企业技术升级迭代。例如，宁波材料所获得市级研发中心奖励30万元，并成功申请到400万元用于设备更新的融资租赁额度。借助这些支持，企业生产效率大幅提升40%。其研发的钠离子电池材料已应用于比亚迪储能项目，2024年实现产值突破2亿元，取得了显著的经济效益。

正是由于浙江各地在培育初创企业和中小企业方面展现出坚定的决心，采取了有效的举措，并且能够包容失败，才铸就了如今浙江科技企业蓬勃发展、百花齐放的繁荣盛景。

引护一体打造最强人才"磁场"

从历史长河的视角审视，人才始终是富国兴邦的核心要素。习近平总书记多次强调"聚天下英才而用之"[①]，这一"聚"字，精准点明了新时代人才工作的核心要点，也深刻揭示了一个历经岁月检验的真理：只有贤才会聚，方能成就伟业。当一个社会拥有充足的人才储备，各类发展活力必将如泉涌般竞相迸发。

从浙江看，南宋时期临安城"参差十万人家"的开放传统，在当今时代演变为人才净流入率连续多年位居全国首位的显著成就。

讲到人才，这是创新创业最重要，也是最活跃的要素。浙江对人才的重视，首先基于对人的尊重。这些年浙江11个地级市都是

① 习近平.在中国科学院第二十次院士大会、中国工程院第十五次院士大会、中国科协第十次全国代表大会上的讲话（2021年5月28日）[OL]. [2021-05-28]. https://www.xinhuanet.com/politics/2021/05/28/c_1127505377.htm.

人口净流入,特别是杭州几乎每年都在人口净流入城市排行榜中位居榜首。除了工作和生活比较便利,很重要的是在这里,不管是人才还是普通人,只要自食其力、遵纪守法,都能得到应有的尊重。浙江过去有社会治理上的"枫桥经验",这几年在"南孔故里"创造的"衢州有礼"已迭代为"浙江有礼"。"礼让斑马线"是杭州贡献给全国的"最美现象",现已在国内蔚然成风。从"最美现象"中,浙江又涌现了各行各业的"最美人物",获此殊荣的不仅有许多浙江本土人,还有许多外来的新浙江人。杭州前几年还设立了快递"小哥节",甚至在浙江开放大学成立了"小哥学院",这是专门为外来从事快递的小哥们设立的。2025年春晚最打动我的是那个"外卖诗人"王计兵。这位奔波在城市街头的外卖员,其实是一位才华横溢的诗人。他虽不是浙江的小哥,但2023年应邀参加过《浙江日报》报业集团、浙江省邮政管理局主办的第二届小哥节活动。听说他在活动中朗诵了为小哥节专门创作的诗歌《低处的飞行》,表达了对外卖骑手群体的关注和敬意,也是对杭州这座充满爱心的城市的礼赞。从王计兵和许多外来的快递小哥、家政阿姨、保安大叔那里,应当可以更真切、更直观地理解杭州乃至浙江聚人引才的磁力。

改革开放以来,浙江之所以能够从"小个子"成长为如今活力十足、勇立潮头的模样,关键就在于引育了一代又一代能创业、善创新、敢创造的人才队伍。他们各展其能、各尽其才,支撑浙江不断创造出"无中生有""点石成金"的发展奇迹。

2024年,浙江凭借独特的魅力与优厚的政策,新引进顶尖人才 41 人，每万名就业人员中研发人员数量攀升至 207.1 人，新增 35 周岁以下大学生 121 万人。这些源源不断涌入的人才力量，如强劲的助推器，为创新浙江的建设提供了坚强的支撑。

卸下人才的"后顾之忧"

过往人才服务工作中，人才政策分散、服务流程繁杂是长期困扰人才的突出问题。政策"碎片化"致使服务政策虽数量不少，但分布零散，缺乏系统性与连贯性。许多人才反映，这些政策在实际获取与申请时，存在"看得见、够不着、难申请"的状况，严重影响人才服务体验与获得感，极大抑制了人才发展积极性与创新活力。

在浙江，为促使人才毫无后顾之忧地投身事业，一项创新之举正悄然且深刻地重塑着人才服务生态。2021 年，"浙里人才管家"平台正式上线，与之同步推出的创新产物——人才码，作为数字化改革的突出成果，依托全省一体化数据平台，以强大整合力融合政务、市场和社会资源，精心构建起覆盖人才从职场起步直至退休全阶段的"服务共同体"，成功打通公安、社保、税务等 23 个部门的数据壁垒，实现人才认定"零材料提交"，成为全国人才发展治理现代化进程中生动且具示范意义的典型。目前，全省已有 316 万名人才申领"人才码"，日均活跃人次达 4 万多，庞大的数据凸显出人才码在人才群体中极高的关注度与不可替代的实用价值。

以科研项目申报为例，在以往的模式下，科研人员往往面临诸多挑战。他们需要耗费大量时间和精力准备大量纸质材料，然后在多个部门之间来回奔波递交，过程极为烦琐。同时，审批周期冗长，部门间信息沟通不畅，导致材料补充不及时等问题频繁出现，严重消耗了科研人员的时间与精力，极大地影响了科研项目的推进效率。如今，借助人才码与"浙里办"App 的协同作用，科研人员只需在"浙里办"App 的相关板块一键提交项目申报材料，系统便会自动将申报信息精准分送至科技、财政等相关部门进行并联办理。这一创新模式显著提升了申报效率，如杭州某科研团队通过人才码申请省级重点研发项目，从提交申请到收到初审反馈，仅耗时7 个工作日，相较于以往至少缩短了一半时间，有力地推动了科研工作的高效开展。

目前，人才认定工作已实现 100% 线上办理，成效斐然。人才码已助力解决各类同城待遇事项 4683 件，同城待遇办理时间从原来的约 3 天大幅缩短至半天，服务效率得到了质的提升。不仅如此，在人才服务的精细化与便捷化方面还取得了更多显著成果。比如，大学生仅需在"浙里办"完成身份核验，即可实现秒认定，极大地提高了人才认定的时效性。当高层次人才在长三角三省一市之间跨区域流动时，其服务权益可实现自动衔接，确保人才在区域内流动过程中能够持续享受优质服务，消除了人才流动的后顾之忧。

同时，人才码作为专为人才精心打造的数字化服务载体，其功能范畴从基础的人才身份认证及相关配套认证起步，服务半径正不断拓展延伸，旨在为人才群体带来更为充实的获得感与幸福感。

在服务资源整合方面，人才码积极汇聚政府部门、商业银行、行业协会等多元主体的服务资源，集成涉企服务、法律咨询、医疗保障等多项关键服务事项，并打通人才子女入学、住房保障、交通出行等各类服务场景，不断拓展人才服务的覆盖范围，将服务触角深入人才工作生活的各个角落。截至目前，人才码服务内容涵盖"双创"服务、生活服务等五大类、100 余项，累计为人才提供服务达 3500 万件次，有力支撑了人才在浙江的发展。

在浙江各地，人才服务的增值化进程正在蓬勃推进。杭州认定的 E 类人才通过扫码即可一键兑现购房补贴、车牌申领等政策，办理时间原先需 30 天，现在即时到账，为人才提供了极大的便利。湖州通过归集全市 91 项高频服务，实现了人才服务事项的全流程线上办理，人才公寓申请、安家补贴发放等事项的线上办结率已达 100%，进一步提升了人才服务的质量与水平。

温州巧妙借助咖啡文化这一载体，将咖啡店作为当地为吸引和留住人才而创设的创新服务平台，打造"人才咖啡"品牌文化，积极促进人才交流与资源对接。一杯杯咖啡，不仅是温州爱才之心的生动体现，更在城市与人才之间搭建起情感沟通的桥梁，为城市与人才的相互吸引、深度融合创造了无限可能。目前，温州已布局 50 多家"人才咖啡"门店，其中，鹿城的青鹿 House 自推出人才咖啡"鹿小咖"后，迅速成为网红打卡地，开业以来已赠出 7000 多杯"人才咖啡"，充分彰显了这一创新服务模式的强大吸引力。

金华市大陈镇则发布了首张镇级人才旅游地图。创业创新人才凭借浙江人才码，可享受地图上涵盖购物、餐饮、景区、采摘、休闲等多方面的专属优惠政策。该地图不仅详细标注了全镇首批 19 个惠才商家分布点、优惠政策和联系方式，还精心规划了 5 条特色游玩路线，串联起 25 个优势旅游资源，同时附上人才服务热线和人才码注册使用方法，为人才提供了全方位的旅游指引与专属服务，丰富了人才的业余生活，提升了人才对当地的认同感与归属感。

灵活赋能各种具有温度的成长通道，是对人才最好的礼遇和呵护。这类贴合人才实际需求、实用高效且能让人才切实感受到关怀的人才政策，让每一位人才在日常的"小确幸"中深切体会到城市的"大温暖"。

在更高维度，我们如果把社会比作热带雨林，那么人才则是这个生态系统里的种苗。要让种苗"枝繁叶茂"，必须主打一个"既要，又要，还要"。

浙江通过人才码打造了一个功能多元、高效协同的综合性平台，其更为深远的影响体现在产业发展层面，重点聚焦知识产权保护、资本对接、股权架构优化、成果转化等关乎人才事业发展的核心要事，既为人才提供全要素、全周期的深层次服务，也为浙江企业快速成长添加了"智动力"。

比如在校地合作方面，浙江大学与温州之间依托人才码精心搭建了创新协作平台。截至2025年，已有170项专利成功实现了从科研成果到实际应用的转化。这些专利广泛覆盖了新材料、信息技术、生物医药等多个具有战略意义的前沿领域，切实打破了长期以来横亘在科研成果与市场应用之间的重重壁垒。

具体地说，一方面，浙江大学凭借其深厚的科研实力研发出的多项高性能材料专利，借助人才码平台所具备的精准对接功能，与温州当地企业的实际需求实现了无缝衔接。另一方面，当地企业引入这些先进的专利技术后，对自身的生产工艺进行了全面而深入的革新，使得产品性能得到大幅提升，显著增强了自身的市场竞争力。

据权威数据统计显示，校地合作实现的一系列专利转化成果产生了显著的经济效益与社会效益，直接带动温州新材料产业的年产值实现了 23% 的增长幅度，同时创造了数千个新增就业岗位，成功构建起一条从技术创新发端，到产业升级推进，最终实现经济增长的良性循环发展路径。

这一模式的突破点在于，人才码为校企双方搭建起了常态化、持续性的沟通与合作桥梁，企业能够基于市场动态变化，及时向高校反馈切实的市场需求信息，高校则依据企业反馈的信息，针对性地对科研方向进行优化调整，进一步提升了科技创新的精准度与实际成效，有力地促进了产学研深度融合发展。

在此基础上，人才码的服务内容正逐步深化。比如，杭州人才码二期工程接入 1.1 万家服务机构，为人才提供知识产权运营、成果转化等专业支持，有力推动了产业创新发展。杭州的一家人工智能企业借助平台数据开发的技术需求预测模型，准确率高达 82%，助力企业提前 6 个月布局研发方向，显著提升了企业的创新能力与市场竞争力，充分彰显了人才码在促进产业升级、推动经济高质量发展方面的重要作用。

随着长三角区域人才服务网络的持续深化拓展以及发展型人才服务的稳步扩容升级，人才码的功能与价值正不断得到升华。它已远远超越了传统意义上一张电子凭证的范畴，正逐步演变为重构人才发展生态的关键支点。

释放人才的"最大价值"

在人才竞争日益激烈的当下，"不求所有、但求所用，不求所在、只求所为"的理念正逐渐成为主流。柔性引才，作为一种区别于传统刚性引才模式（传统刚性引才以户籍、身份和人事关系调整为显著特征）的新型人才引进方式，在人才使用方面，巧妙淡化人才归属而侧重于智力运用。其核心目标在于助力那些在刚性引才过程中遭遇阻碍的地区或单位，成功达成"不求所有、但求所用"的人才高效使用模式。

在我看来，柔性引才模式主要具备四个方面的显著特点与突出优势。其一，高度的灵活性。由于柔性引才不涉及人才户籍、身份和单位归属的变更，各类组织能够依据自身实际需求，灵活自主地引进各类所需人才。无论是开展短期项目合作，还是邀请人才进行长期兼职服务，均可根据项目实际进度以及业务发展的动态变化灵活进行调整，充分满足不同阶段的多样化需求。

其二，极强的针对性。地方政府或企事业单位能够紧密围绕产业发展规划、科研项目需求等实际情况，精准定位并寻觅相关领域的专业人才，切实满足对特定人才的迫切需求，有效避免人才资源的浪费，实现人才与需求的精准匹配。

其三，较低的成本。相较于正式引进人才需要投入的高额薪酬、福利和相关配套成本，柔性引才模式仅需支付相应的服务费用，或者为人才提供必要的工作条件即可，大幅降低了人才引进的综合成本，对资源有限的地区或单位而言，具有极高的性价比。

其四，见效迅速。本地自行培养人才，或者通过刚性引才方式引进人才，往往需要耗费较长的时间周期。而柔性引才模式能够快速获取所需人才，迅速为本地经济发展、技术创新或者特定领域业务推进提供有力支持，及时满足发展的紧迫需求。

浙江在柔性引才领域积极探索、勇于创新，为最大化发挥人才价值贡献了诸多宝贵经验与成功范例。在政策层面，浙江于2025年发布的《进一步推动经济高质量发展若干政策》中明确提出，项目、经费、团队跟随人才流动，为柔性引才提供了坚实的政策保障与有力支撑。

当然，柔性的方式可以是多样的。以宁波为例，通过院士工作站这一创新载体，柔性引进了126位海内外院士。这些院士充分发挥自身专业优势，带动企业申请发明专利900余项，成功建立省级以上研发平台55个，极大地提升了企业的自主创新能力与核心竞争力。

温州针对企业在高端人才招引过程中面临的困难以及自主研发能力不足等问题，率先探索出"科技副总"引才机制。这一机制主动打破地域与身份限制，积极引入高校科研人员入驻企业担任副总。例如，浙江中煤机械集团有限公司在激烈的市场竞争中，亟须攻克供液系统响应速度等关键技术难题。他们通过"科技副总"机制成功引入温州职业技术学院相关领域教授。这位科技副总不仅全身心投入企业技术研发工作，还带领专家团队为企业员工开展专业培训，为企业发展注入了全新活力。在该机制的大力推动下，企业开展技术攻关项目240项，获批市级及以上科研项目96项，新增企业研发机构34家，成功转化科技成果150项。事实证明，企业选聘一名科技副总，相当于对接了一家高校院所，链接了一个优质资源平台。目前，温州已选派 525 名科研人员到 564 家企业担任科技副总，有力助力了企业开展技术攻关项目，新增企业研发机构，推动科技成果转化，取得了显著的经济效益与社会效益。

兰溪则借助项目实现结对引才，通过"揭榜挂帅"机制，充分激发人才创新活力。近两年，兰溪累计发布技术难题榜单 230 项，吸引了 176 支人才团队踊跃"揭榜"，成功达成技术合作 145 项。以当地一家纺织企业为例，该企业在产品升级过程中面临关键技术难题，通过"揭榜挂帅"机制，成功与国内知名纺织院校科研团队建立合作。该科研团队入驻企业后，经过数月的艰苦攻关，成功研发出新型纺织工艺，大幅提升了企业产品性能，显著扩大了市场份额。为进一步深化这一机制，兰溪修订出台一揽子人才科技政策，对相关科技合作项目最高给予 100 万元补助，对高校技术转移中心每年奖励 50 万元，对落户的人才科创项目最高资助 2000 万元。这一系列举措已吸引落户协同创新中心 1 家、研究院平台 2 家、技术转移中心 4 家，有力推动了地方科技创新与产业升级。

建德创新推出"候鸟行动"柔性引进机制，以项目研发为依托聘请"候鸟行动"专家，以市校合作为纽带会聚各方人才，以兼职、挂职形式实现校企双聘制。同时，建德还对优秀项目给予 5 万元奖励，重点项目给予 10 万元奖励，高端项目给予 20 万元奖励，充分调动了人才的积极性与创造性。近 5 年来，依托该计划，建德累计柔性引进大量国内外知名专家，与"候鸟行动"专家开展合作 90 项。例如，清华大学教授连续 3 年与建德市知名企业新安化工集团开展产学研技术合作攻关，助力企业成功解决关键技术问题；机电产业创新设计领域专家与建德市五星车业有限公司合作研发新产品，为企业发展增添强劲动力。

当前，随着数字化浪潮的迅猛推进，柔性引才的边界也正在快速拓展。杭州创新推出"人才云聘"平台，全力支持企业以云端签约方式引进海外工程师，彻底打破地域限制，广泛吸纳全球优秀人才。绍兴市精心开发技术需求预测模型，通过先进算法精准匹配全球专家库，确保在 72 小时内快速响应企业技术攻关需求，极大提升了人才与企业需求的对接效率，为企业创新发展提供了强有力的人才保障。

浙江在柔性引才领域的系列创新实践，通过突破传统人才引进的时空限制，构建起"不求所在、只求所为"的智力流动新范式。这一模式以政策创新和技术赋能为双轮，形成了具有全国示范意义的人才治理体系。

保护人才的"精神富矿"

要说企业创新发展的灵魂是什么，"技术"肯定是个关键词。无论是哪个高新技术产业，都离不开技术。然而我们也发现，产业发展中的侵权现象屡见不鲜。

如何为人才的"精神富矿"筑牢围墙？近年来，浙江深入实施知识产权强省战略，全面开展知识产权兴企行动，知识产权保护水平持续攀升。浙江连续 4 年在全国知识产权保护工作检查考核中获评优秀，连续 4 年在全国知识产权行政保护工作绩效考核中名列第一；全省3个案例入选知识产权强国建设第三批典型案例，并向全国复制推广；全省知识产权保护社会满意度达86.59分，创历史新高。

早在2019年，浙江便以前瞻性思维，推动知识产权保护端口前移。全力构建省、市、县、乡四级知识产权执法队伍，在全国率先将专利执法权下放至县级局，成为全国首个省、市、县三级知识产权行政管理部门均实施专利行政裁决的地区。这一开创性举措打破了传统知识产权执法层级局限，将执法力量全面下沉基层，确保及时精准处理各类知识产权侵权问题。

在省级层面，浙江省市场监督管理局（浙江省知识产权局）肩负统筹协调与政策指导重任。市级知识产权执法队伍在省级部门引领下，负责本地区知识产权执法的组织实施与监督检查。县级知识产权执法队伍作为直面市场主体与社会公众的一线力量，发挥关键作用。乡镇一级知识产权执法队伍协助县级执法部门，凭借贴近基层、熟悉民情的优势，助力执法工作高效开展。

数据彰显成效，自2023年起至今，浙江省办理专利侵权纠纷行政裁决案件1671件，平均办理周期53天（不含法定中止期限），有力推动了企业纠纷快速解决。在商标侵权治理方面，浙江省每年针对民生热点和重点领域，组织专项执法行动。2024年，全省检查走访企业1132家，查处商标侵权、恶意注册案件250余起，组织知识产权培训466场，参训人员超1.6万人次。

完善的知识产权保护体系更是广大企业家的定心丸。近年来，浙江围绕知识产权全链条保护，多方协同发力。从推进知识产权保护示范区建设，到强化制度保障，再到加强行政保护与司法保护衔接，有力回应社会各界对高效保护知识产权的需求呼声。截至2024 年 9 月底，杭州、宁波、温州、绍兴获批国家知识产权保护示范区建设城市（地区）。这些地区聚焦数字经济、制造业、民营经济等领域开展知识产权治理，已形成 15 项中期评估标志性成果，在全省知识产权工作中先行先试，发挥了引领作用。

与此同时，浙江加强制度创新、政策保障，出台《从事知识产权检验检测工作规范指引》《从事知识产权鉴定工作规范指引》《浙江省重点商标保护名录管理办法（试行）》等制度，推动市场监管、法院、检察院、公安等部门在知识产权保护领域协同联动，助力营造市场化、法治化、国际化一流营商环境。目前，浙江知识产权民事案件一审服判息诉率达 95.55%，知识产权检察专门办案组织覆盖率达 90%。

针对专利侵权纠纷行政裁决，浙江出台了《关于加强新时代专利侵权纠纷行政裁决工作的实施意见》《浙江省知识产权行政裁决简易程序规定（试行）》；构建技术支撑体系，出台全国首个行政司法共享的知识产权技术调查官制度；建立专利侵权纠纷案件"行政-司法"无障碍转办机制，实现"调、裁、诉"一体化流转；全省实施专利侵权纠纷行政裁决简易程序，已通过简易程序办理案件142 件，办案周期大幅压减 50% 以上。

为进一步提升知识产权保护效能，浙江坚持严格保护、推进协同保护、深化快速保护、做强涉外保护，推动高水平保护各项工作落地见效。

2024年，浙江持续保持高压态势，严厉打击知识产权违法行为，部署开展"雷霆"系列知识产权保护专项行动，加强专业市场、电子商务、展会、非正常专利申请和商标恶意注册等领域执法监管。全省累计出动执法人员一万余人次，走访企业3926家次；56名个人、5家经营主体被依法列入知识产权领域严重违法失信名单。

此外，浙江从源头保护发力，推进知识产权获权维权"双快"行动，新增投入运行6家国家级知识产权保护中心、快维中心，为知识产权的快速获权和高效维权提供了坚实保障。

在海外保护方面，浙江新增温州、绍兴2家国家海外知识产权纠纷应对指导中心地方分中心，全省总数达8家，居全国首位。打造"浙江知识产权在线"海外保护模块，对全球195个国家和地区的商标进行数字化监测，重点案件应对指导率达100%，为企业在海外维护知识产权权益提供了全方位、多层次的支持，助力企业"走出去"，在国际市场上站稳脚跟。

特别令人高兴的是，经中方提名，受世界知识产权组织（WIPO）特别邀请，2025年年初在瑞士日内瓦召开的世界知识产权组织执法咨询委员会第十七届会议上，浙江省市场监督管理局（浙江省知识产权局）负责人做主题发言，向全球展示浙江通过加强知识产权行政执法、助力企业创新发展的实践与探索。可以认为，世界知识产权组织邀请浙江在国际会议上发言，核心原因在于浙江在知识产权保护和行政裁决领域的创新实践与显著成效，为全球提供了可借鉴的"中国经验"。同时可以看到，知识产权作为衡量营商环境的重要指标，是企业创新发展之盾，对推动浙江全省经济发展进入创新驱动、内生增长轨道,在新一轮区域竞争中获得更大优势,具有十分重要的意义。"保护知识产权就是保护创新"这个理念应进一步在浙江全省弘扬,以吸引和聚集更多国内外有志之士在浙江这方沃土上耕耘和创造。

第五章
·········

生态构建——从实验室到独角兽的全链条护航

在观察浙江培育科创企业的过程中，我常听到的一句话是："我负责阳光雨露，你负责茁壮成长。"这就包含了浙江的又一密码——生态构建。那么浙江政府提供的是什么样的阳光、什么样的雨露、什么样的土壤？

春秋时期的晏子说："橘生淮南则为橘，生于淮北则为枳。"这道出了生态的重要性。那么能让科创企业扎堆，且生出一条条"小龙"的浙江的创新生态环境，到底有什么不同之处？

先看地理布局。早在 1991 年，国务院批准的首批国家高新区就有杭州高新区（成立于 1990 年），从那时起杭州高新区就开始培育和汇聚杭州科创企业，成为初代科创企业的摇篮。15 年之后，杭州又诞生了位于钱塘区的临江国家高新区，由此形成了以两个国家高新区（后来被命名为杭州城东智造大走廊）为支撑的产业发展规划。杭州 2015 年获批国家自主创新示范区。2018 年宁波、温州两个高新区获批建设宁波温州国家自主创新示范区。一省拥有两个国家自主创新示范区，这在全国也不多见。

浙江并不满足于此，2014 年以后，又把目光投向青山环抱、河汉湿地纵横的杭州城西，规划建设城西科创大走廊，用更广阔的发展空间和丰富的生态资源，吸引众多高校、科研机构及高科技企业和创新人才入驻。阿里巴巴等互联网巨头总部扎根于此，各类新兴科技企业也如雨后春笋般蓬勃发展，城西科创大走廊逐渐成为浙江科技创新的核心区域。

从高新开发区到滨江区，再到城西科创大走廊，是面的规划；同时，如雨后春笋般诞生的各类特色小镇，则是点的布局，它们宛如一颗颗璀璨的明珠，在这片土地上熠熠生辉。梦想小镇专注互联网创业，云栖小镇聚焦云计算产业，艺创小镇孵化艺术产业，山南基金小镇集聚创投。这些小镇依据自身独特优势，培育出具有竞争力的产业细分领域，与滨江高新区和城西科创大走廊、城东智造大走廊相互呼应，构建起多层次、广覆盖的科创地理生态，为创新创业者提供了多样化的发展空间。这样一种围绕大走廊形成的星罗棋布的创新地图，即便在全国也绝无仅有，有效地汇聚了创业所需的人才、技术等创新要素，培育了良好的创新创业土壤。

再说雨露。金融对于创新创业的重要性不言而喻，浙江深谙此道，积极引入"金融活水"，全力助推创新创业。政府引导基金发挥着关键的引领作用，通过支持创投机构投资，引导社会资本流向创新领域。本土创投机构凭借对本地市场的熟悉和敏锐的投资眼光，为众多初创企业提供资金支持与战略指导。此外，银行科技金融专营机构从1个增长到42个，成为杭州科创企业发展的最大活水。各具特色的金融产品，从信用贷、人才贷到知识产权质押贷款等，为企业不同发展阶段提供多元化融资渠道。政府、创投机构和金融机构协同合作，让创新创业企业在成长过程中摆脱资金短缺的困扰，有力推动了创新创业的发展进程。

除了阳光（政策）、雨露（资本）、土壤（人才和技术），汇聚各类要素的磁场也很重要，或发自企业，或发自媒体，或政府亲自出手举办的各类科创活动百花齐放，正在逐年累月地营造良好的创新创业磁场。世界互联网大会乌镇峰会作为全球互联网行业的顶级盛会，吸引了世界各地的互联网精英与企业汇聚，在这里思想碰撞、合作共赢，为浙江乃至全球互联网创新发展注入强大动力。云栖大会聚焦云计算、大数据等前沿技术，为科技企业和开发者搭建展示与交流的平台，加速技术创新与应用。万物生长大会致力于挖掘和培育本土创新创业企业，激发创业者的热情。此外，各类创新大赛在浙江各地如火如荼地开展，为创新创业者提供展示机会，参赛者不仅能获得资金奖励，还能得到专业指导与资源对接，极大促进了科技成果的转化与产业化。

从空间布局到金融支持，再到科创活动的举办，各个环节紧密配合、相辅相成，形成了完整的科技成果转化产业化生态，造就了今日浙江创新创业高地的样貌。

空间布局的"浙江逻辑"：
"热带雨林"中的科创策源地

浙江布局的不仅是一片土壤，它更像是一片"热带雨林"，有丰富的内容和要素。它不是 1+1=2 的简单堆砌，而是要素之间互相配合融合，由此产生了更大的生态效应。而这样的"热带雨林"

绝不是一日形成的，我们来看看它是如何成长壮大的。

杭州：科创版图的崛起与融合

我到浙江省科技厅工作后，就注意了解浙江特别是杭州科技创新的"前世今生"。对杭州科技创新来说，1991 年应当是具有里程碑意义的一年。那一年，在杭州城西老文教区成立的杭州高新区，被国务院批准为首批国家高新区。虽然初期其面积只有 11.44 平方千米，但它却是杭州国家高新区建设发展的种子。时任国务委员、国家科委主任宋健欣然写下"天堂硅谷"四个字，对杭州高新区寄予厚望。

随着杭州城市发展从西湖时代迈向钱塘江时代，杭州国家高新区也跨江同新成立的滨江区合署办公。不过时至今日，滨江区虽只有 3 个街道、72 平方千米、55 万人口，但已成为全国知名的创新创业高地"国际滨"，累计培育科技型企业超 2 万家，平均每天新增 4 家。其人才净流入率连续 5 年位列全国前三，每万人拥有有效发明专利超 700 件。2024 年，滨江区上市企业总数已达 74 家，在浙江各区县（市）遥遥领先，甚至超过不少省份。2024 年，其人均 GDP 约 7 万美元，即便放在全球也名列前茅。2017 年，我陪时任科技部副部长徐南平院士在绍兴新昌县调研，他讲起全国的高新区。徐南平院士此前长期在江苏省科技厅任厅长，之后又担任了分管科技工作的副省长。他说，他在江苏时，多次公开或私下考察过杭州国家高新区，它今天的成绩是"熬"过来的，在全国众多国家高新区中独树一帜。

阿里巴巴、海康威视、士兰微电子、华三通信^①、大华股份等现在耳熟能详的科技巨头，早期都在杭州高新区（滨江）登记成立。创业之初，它们雄心勃勃，但它们或许没想到如今自己会成为家喻户晓的龙头企业，更没想到这里还会生出一群在春晚扭秧歌、转手绢儿、会中国功夫的机器人。

遥望宇树科技训练机器人的楼顶，在历史长河中与其对望的，是满眼农田的滨江区。然而那时候，嗅觉敏锐的创业者们早已在此播下了创新的火种。2002 年，UT 斯达康落户滨江；2003 年，网易扎根于此；2009 年阿里巴巴举办"阿牛过江"仪式，落户网商路 699 号。至此，滨江区逐渐形成了以通信设备、互联网为核心的产业集群。数据显示，2005 年滨江区的数字经济核心产业增加值仅为 12 亿元，而到 2024 年，这一数字已突破 3800 亿元，占全市比重超过 40%。滨江区的数字经济从萌芽到爆发，仅仅用了不到 20 年的时间。

这种爆发式增长的背后，离不开"政府＋市场"的独特模式。滨江区在全市率先开展"瞪羚计划"，通过房租补贴、研发资助等政策，为初创企业提供了强有力的支持，培育出了海康威视、大华股份等行业龙头。2010 年，杭州高新区（滨江）科技创业服务中心成立，累计孵化企业 2300 余家，其中 35 家成功上市。这些企业的崛起，不仅为滨江区带来了巨大的经济效益，也进一步巩固了其作为全国创新创业高地的地位。正是依靠这种"政府＋市场"的双

---

① 2016 年，华三通信与紫志华山科技合并为新华三集团。——编者注

轮驱动，滨江区用了仅仅 35 年时间，书写了一个从无到有、从小到大的创新传奇，从一片农田蜕变为全国知名的"国际滨"。

当我们将目光从钱塘江这侧的滨江区移开，转向另一侧的杭州城西时，那里有一条同样闪耀着创新光芒的地带——杭州城西科创大走廊。作为浙江省"人才强省、创新强省"战略的关键支撑，它宛如一片孕育创新的"热带雨林"，始终坚定不移地致力于打造具有全球影响力的科创高地，在培育科技企业方面成绩斐然，源源不断地为区域经济发展和科技创新注入强劲动力。它东起浙江大学紫金港校区，西至浙江农林大学，规划面积约 416 平方千米，涵盖西湖区的紫金港科技城、余杭区的未来科技城和临安区的青山湖科技城三个省级高新区。这里高校资源丰富，科研院所林立，创新平台众多，宛如一个强大的磁场，吸引着各类创新要素汇聚，为科技企业的成长营造了得天独厚的环境，形成了"1 家国家实验室 +3 家国家实验室基地 +28 家全国重点实验室 +5 家省实验室"的高能级科创平台体系，还集聚了浙江大学、西湖大学等 12 所重点、新型高校，构建起以大学、大装置、大科创平台为核心，众多科技孵化器、科创园、特色小镇环绕的创新生态圈。

在培育科技企业的漫漫征程中，城西科创大走廊深入实施"国高企"培育工程、"新制造业计划"，积极推动数字经济与实体经济深度融合，精心培育雁阵式企业梯队，在多个领域均取得了显著成果。在数字经济领域，诞生了众多行业巨擘。淘天集团作为电商领域的领航者，不断创新商业模式，引领消费市场的变革潮流；蚂蚁集团在金融科技领域持续深耕，推动移动支付等创新业务在全球广泛应用，改变了人们的支付习惯；阿里云凭借强大的云计算技术，为众多企业搭建起稳定高效的数字化基础设施，助力企业数字化转型。这些头部企业不仅自身发展态势强劲，还通过产业辐射和技术外溢，带动了一大批上下游企业协同发展，共同编织起完整的数字经济产业链。

高端装备制造领域同样成果丰硕。杭叉集团作为行业龙头，在叉车研发、制造等方面技术领先，产品畅销国内外，为物流行业提供强大助力；杭氧集团在气体分离设备等领域拥有核心竞争力，为众多工业企业提供关键设备支持，保障工业生产顺利进行；浙江万马股份专注于电线电缆等产品的研发生产，为能源传输等行业筑牢根基。这些骨干企业的发展壮大，极大地提升了城西科创大走廊在高端装备制造领域的整体实力。

硬科技制造领域也涌现出一批优秀企业。中电海康在智能安防、存储芯片等领域成果丰硕，为人们的生活安全保驾护航；浙江铖昌科技专注于微波毫米波模拟相控阵 T/R 芯片的研发，打破国外技术垄断，挺起中国科技的脊梁；杰华特微电子在电源管理芯片等方面技术先进，为电子设备的稳定运行提供关键支持。这些企业凭借硬核技术，在国际竞争中崭露头角，成为城西科创大走廊科技创新的重要力量。

为给科技企业营造良好的发展环境，城西科创大走廊全方位优化创新创业生态。在成果转化方面，启用杭州技术转移转化中心，入驻 38 家线上线下科技中介服务机构，如同搭建了一座桥梁，让科技成果与企业需求得以顺利对接。加强概念验证中心建设，探索"概念验证中心＋孵化器"模式，助力科技成果跨越从实验室到市场的"死亡之谷"。省市相关部门联合印发《杭州城西科创大走廊创新发展专项资金管理办法》，每年配套 13.5 亿元资金支持科技创新，为创新提供真金白银。成立科技金融服务联盟，联盟成立当天便出资成立总规模 100 亿元的母基金，引导社会资本"投早、投小、投科技"，为科技企业的发展提供资金保障。

在人才保障方面，出台《杭州城西科创大走廊打造人才高地先行区的实施意见》，创新高层次人才认定模式，开展青年专项遴选，出台博士后和博士招引政策。建成全市首家高层次人才综合服务中心，构建全生命周期人才服务体系，吸引大量高层次人才会聚于此，为科技企业提供源源不断的智力支持。2024 年 1—10 月，城西科创大走廊招引落地亿元以上产业项目 99 个，总投资 460.56 亿元，为区域经济发展注入新活力。截至目前，城西科创大走廊累计培育上市企业 46 家，占全市的 20%。这些上市企业借助资本市场的力量，进一步扩大生产规模、加大研发投入，提升企业核心竞争力。同时，国家级专精特新"小巨人"企业达到 66 家，占全市的 20%。这些"小巨人"企业专注于细分领域，凭借专业化、精细化、特色化和新颖化的优势，成为行业发展的"隐形冠军"。入选（准）独角兽企业 161 家，占全市的 37.9%，它们以独特的商业模式和强大的创新能力，展现出巨大的发展潜力。国家级高新技术企业 3354 家，占全市的 22.4%，这些企业是城西科创大走廊科技创新的主力军，不断推动着技术进步和产业升级。游科互动、强脑科技、云深处科技等"杭州六小龙"半数扎根于此。

值得一提的是，滨江区与城西科创大走廊在发挥各自优势的同时还实现了协同发展，奏响了一曲科技创新的"双城记"，共同构建出"一江一廊"的创新格局。地铁 5 号线、文一西路快速路等基础设施，如同一条条紧密相连的纽带，构建起"半小时创新圈"。"六边形"城市是国际公认的理想城市发展模式，杭州因为群山和江、湖的阻隔，先天不具备此禀赋，可随着地铁和隧道的规划建设，杭州正在向"六边形"城市演进。

数据显示，每天有超 3.2 万人次在两区之间通勤，其中科技人才占比达 65%。这种"居住在滨江、办公在城西"的生活方式，催生了独特的"跨江创新共同体"。企业的空间布局更是颇具象征意义。阿里巴巴在滨江的总部与余杭的达摩院形成"前店后厂"模式，网易在滨江的游戏业务与城西的人工智能实验室实现技术联动。字节跳动、OPPO、vivo 等企业将研发中心设在城西，生产基地布局在滨江，形成"研发—生产"的垂直分工。这种错位发展模式，让杭州在数字经济、智能制造等领域打造出完整的产业链。与其他许多国际大都市的早晚车流潮汐不同的是，许多居住和工作在城西、城南两地的创业者特别喜欢欣赏早晚通勤时的西湖沿途美景。

杭州科技版图的裂变，究其本质，是创新生态的进化。滨江区的"天堂硅谷"模式侧重于企业培育，为企业成长提供肥沃土壤；城西科创大走廊则聚焦于原始创新，为科技发展筑牢根基。两者的协同发展，如同接力赛跑，形成了"基础研究—技术开发—成果转化"的完整链条。杭州的创新版图并非简单的空间扩张，而是创新要素的系统化重构。从滨江区的"星星之火"，到城西科创大走廊的"燎原之势",杭州用实践向世人证明:当政策引导、市场活力、人才资源有机结合时,当空间布局与产业升级同频共振时,就能创造创新发展的"永动机",持续推动这座城市在科技创新的道路上大步前行,书写更加辉煌的篇章。

小镇模式:从"造梦空间"到"全球标杆"

传说杭州西湖是王母娘娘蟠桃会上掉下来的明珠。如今这颗承载着千年历史风华的明珠,以现代创新活力的全新面貌,继续演绎着发展的传奇。而在西湖边的诸多特色小镇,就像是大明珠边的小明珠,如繁星般散落在大杭州的版图之上。它们是时代浪潮下的创新结晶,以各自独特的姿态,汇聚资源,激发活力,成为创业企业的梦想栖息地,在杭州经济发展的宏大叙事中,勾勒出浓墨重彩的篇章。

我是从云栖小镇开始认识和喜欢特色小镇的。2014 年 8 月,我随省长实地考察云栖小镇,回来写了一篇文章,题目叫《我才知道:杭州还有一个叫"云栖小镇"的未来名镇》。我说,云栖小镇,既非地名学上的地理概念,又非行政区域上的镇域概念,而是目前时兴的云计算产业栖息的园区。这里曾经是转塘科技经济园区,以机械加工、纺织等传统产业为主,产业结构单一,抗风险能力弱,创新能力不足。但在 2014 年,当云计算产业在全球初露锋芒时,云栖小镇果断抓住机遇,开启了一场华丽的转型之旅。

阿里云的入驻,为小镇的云计算产业注入了强大动力。众多企业依托阿里云的技术开展业务,富士康的加入则完善了硬件制造产业链环节，它们共同构建起"云+端"的产业格局。"云"有阿里云等企业提供强大算力与数据处理能力，"端"则聚焦智能硬件产业、机器人产业等相关企业在此集聚发展。

近年来，小镇先后引育了智元研究院、西湖实验室等7家省级新型研发机构，占杭州市研发机构总量的1/5，还有近300家国家高新技术企业、科技型中小企业在此扎根。云栖小镇成功实现了从传统工业园区向科技前沿阵地的转变，成为推动科技创新与产业升级的重要力量。不仅如此，镇里举办的"云栖大会"更是闻名世界。这个云计算与人工智能领域的国际盛会，永久落户小镇，成为计算技术创新思想与实践的交流高地，每年有10多万人在线上线下光顾这个盛会。

省领导在调查研究和深入思考的基础上，开始部署特色小镇建设，亲自谋划位于余杭区仓前的梦想小镇。梦想小镇，一个梦想起航的地方，非常动听的名字。我多次跟随调研，目睹了它从过去的"四无粮仓"（无虫害、无霉变、无鼠雀、无事故）蜕变为"四有众创空间"（有梦想、有担当、有激情、有技术）的过程。

梦想小镇建立伊始，就怀揣着为创业企业排忧解难、助力腾飞的美好愿景。初创期的企业，往往在资金方面捉襟见肘，办公场地的租金更是一个沉重负担。梦想小镇敏锐地洞察到这一痛点，果断推出3年免房租政策，就像雪中送炭一般，为那些在创业寒冬中瑟瑟发抖的企业送去了温暖与希望。这笔节省下来的宝贵资金，成为企业发展的助推器。比如杉帝科技有限公司，入驻小镇前，局促的办公环境和偏远的位置严重束缚了其发展。得益于免租政策，它得以将资金投入研发，不断打磨 3D 打印机的性能与精度，还积极拓展运营，与高校合作，组建创客联盟，搭建云服务平台，如今，它已在 3D 打印领域大放异彩。

而创业导师"一对一"帮扶政策，更是为初创企业保驾护航。这些导师来自各行各业，有着丰富的经验、深厚的学识和广泛的人脉。他们的悉心指导，有利于企业在复杂多变的市场浪潮中找准航向。以灵伴科技为例，入驻小镇后，在导师的助力下，它专注于空间计算、语音识别等技术研发，吸引了众多人才，团队不断壮大。经过不懈努力，其研发的智能眼镜 Rokid Glasses 凭借先进技术，在多个领域展现出巨大潜力，产品实现量产并畅销全球 90 余个国家和地区。创始人祝铭明在余杭区经济高质量发展大会上，借助自家的智能眼镜产品完成的那场充满未来感的演讲，正是梦想小镇创新力量的生动注脚。

梦想小镇是 2015 年 3 月 28 日开园的，2025 年刚好 10 周年。至今小镇已累计集聚了 3042 个创业项目，吸引了 26 552 名创业人才。其中，272 个项目获得百万元以上融资，融资总额达 157.02 亿元，还集聚了 1647 家金融机构，管理资本 3816 亿元，成功构建起"人才＋资本＋孵化"的完美创业闭环，成为无数创业者心中的圣地。最近，我因参加"新质学堂"活动，又去了一趟梦想小镇，睹物思人，甚是感慨。

2024 年杭州的另一个小镇"火出圈"，那就是艺创小镇。因为《黑神话：悟空》就是在这里生长发芽既而火爆全球的。一时间，园区里人潮涌动，都来参观这个拿下第 11 届 TGA 游戏奖"最佳动作游戏"和"玩家之声"两项大奖的游戏的诞生地——艺创小镇。

作为浙江省唯一以"艺术＋产业"为定位的省级特色小镇，艺创小镇自成立起就致力于打造"文创第一镇""设计第一镇""数字艺术第一镇"。在培育游科互动的过程中，艺创小镇展现出了独特的魅力与实力。

艺创小镇积极参与杭州市"国际动漫之都、电竞名城"战略规划，通过"视听基地""专项资金"等政策，大力支持原创游戏研发。针对动漫游戏公司等重点企业，它推出了"房租减免＋研发补贴＋人才奖励"组合政策，还组建专项服务团队，提供从工商登记到员工住房的全流程代办服务。依托高校资源，艺创小镇建立"人才飞地"机制，为企业输送专业人才，并促成校企合作项目。同时，艺创小镇通过引入先进管理平台和公共服务平台，提升企业协作效率，降低研发成本。

在艺创小镇的精心培育下，游科互动取得了辉煌成就。据专业媒体测算数据，《黑神话：悟空》的全球销量达 2800 万份，销售额 90 亿元，创下中国买断制游戏历史销量第一、全球年度销量第一。2024 年 12 月 13 日上午，在第 11 届 TGA 游戏奖的颁奖典礼上，《黑神话：悟空》强势夺得"最佳动作游戏奖"，成为首款获此殊荣的国产游戏。此外，游科互动的另一部游戏作品《战争艺术：赤潮》也表现不俗，其销售已覆盖 154 个国家和地区。企业的发展还吸引了上下游 20 余家配套企业入驻艺创小镇，形成了强大的产业带动效应。2024 年，艺创小镇数字视听产业集群营收突破 40 亿元，其成功经验被纳入浙江省年度营商环境优化提升最佳实践案例。

　　"杭州六小龙"火了之后，也带火了中国（杭州）人工智能小镇，因为最先在这里诞生的之江实验室撬动了中国建设国家实验室的热潮，而且培育了做脑机接口的强脑科技。自 2017 年开园以来，人工智能小镇始终聚焦"人工智能＋垂直细分领域"，抓住杭州市建设国家新一代人工智能创新发展试验区的契机，推出"一企一策"定制化政策包，为强脑科技等前沿科技企业提供"房租减免＋研发补贴＋人才奖励"的组合支持，并设立 10 亿元人工智能产业基金。同时，创新建立"专班服务＋飞地孵化＋生态赋能"服务模式，从企业落地到壮大，提供全流程支持。通过联动高校和科研院所，建立产学研协同创新中心，攻克关键技术难题。

　　在人工智能小镇的支持下，强脑科技自主研发的 BrainRobotics 智能仿生手实现"意念控制"五指独立运动，成为国内首个获 FDA（美国食品药品监督管理局）认证的非侵入式脑机接口产品。强脑科技带动上下游 15 家配套企业入驻小镇，形成产业链式反应。2024 年，人工智能小镇数字经济核心产业增加值突破 120 亿元，培育出 5 家上市企业，其"科技助残"经验被纳入浙江省典型案例库。

　　随着梦想小镇、云栖小镇的出圈，省委、省政府着手在全省系统谋划特色小镇，采取"自主申报、严格评审，先试行、再授镇名，有进有出"的政策。为了防止一哄而起，制定了小镇申报和运营规范。现在全省有上百个特色小镇在运行。浙江的这些特色小镇各有千秋，却都以满腔的热情与切实的行动，为创新创业企业提供广阔的发展空间和有力的支持。它们是创新创业企业的集聚热土，是梦想绽放的舞台，在推动杭州经济发展的同时，也为中国创业创新提供了独特的实践样本。2016 年 4 月，浙江省科技厅下属的科技信息研究院还创作了一部名为《遇见小镇》的微电影，叙述的是外省青年在梦想小镇的创业和爱情故事。该电影在网上热播，至今仍能搜索到。

　　浙江的特色小镇建设，引起中央的高度关注，在密集实地调研后，向有条件的省市推广。2016 年 3 月全国"两会"期间，应时任全国政协副主席、科学技术部部长万钢的邀请，我参加"两会"科技创新专题的新闻发布会，回答中外记者提问。我说，浙江正在建设的特色小镇，实际上是产城融合、职住平衡的巨型科技孵化器和众创空间。其特色在于有鲜明的产业主题和地缘文化特征，小镇是两三平方千米，最大不超过 6 平方千米的创业和生活空间。它打破了学科与产业、生产与生活的边界，是宜业宜居宜游、生产生活生态"三宜""三生"的创新空间。正如王坚院士所言："小镇不是产业园，而是生活、产业、学科无界融合的空间。"在这里，工程师与艺术家共饮咖啡，机器人专家与游戏开发者碰撞灵感，最终催生了如《黑神话：悟空》般横跨技术与文化的杰作。

　　梦想小镇、云栖小镇和浙江后来涌现出的上百个特色小镇，不仅给青年人创业提供了无违和的物理和精神空间，而且催生和塑造了激发青年创业的机制和生态。小镇机制和小镇生态，可能是特色小镇发展 10 年以来最为宝贵的经验。非常可惜的是，特色小镇在各地推广过程中，有些地方不顾自身条件，盲目跟风，变形变味，被人诟病。这个教训是应当吸取的。科技创新与其他工作一样，任何时候都要从实际出发，坚持实事求是，千万不能拍脑袋、挂羊头、搞浮夸。

"金融活水"的浙江方程式：
政府引导与市场博弈的平衡术

浙江，就像一座永远活力四射的创业乐园，在这里，梦想的种子不断生根发芽，绽放出绚烂的花朵。我们常说园丁要给花园浇水，可怎么浇、如何浇、浇多少却都是大学问。

政府引导："为有源头活水来"

故事要从杭州科技金融的萌芽时期说起。1993 年，杭州市设立杭嘉湖科技投资中心，浙江省成立浙江省科技风险投资有限公司，那也是一个具有里程碑意义的年份，如同在平静的湖面投下一颗石子，开浙江风险投资之先河。次年，"科技金融"概念在第一届中国科技金融促进会上首次亮相，而杭州已然凭借抢先一步的行动，成为这一领域的"探路者"。到 2000 年 8 月，为了实施"一号工程"、建设"天堂硅谷"、优化创业环境，杭州市政府在杭嘉湖科技投资中心改制的基础上，投入 3000 万元"拨改投"资金设立了杭州市高科技投资有限公司（以下简称"杭高投"），为后续的科技金融发展埋下了伏笔。

2008 年，时任杭州市市长的一句"栽下梧桐树，引得凤凰来"，为杭州科技金融的快速发展拉开了序幕。在"人才＋资本"的战略背景下，杭州科技金融工作开始步入快车道，一系列开创性举措接连出台：颁布《杭州市创业投资引导基金管理办法》，设立杭州市创业投资引导基金和杭州市创业投资服务中心。率先学习硅谷科技银行模式，设立杭州银行科技支行和杭州高科技担保有限公司，"拨改投""拨改保""拨改带"等财政科技支出的改革，"为人才找资本、为资本找项目"的服务理念登上了《人民日报》，构建的"创投引导基金、创投服务中心、政策性担保、科技银行"四位一体的科技金融体系，得到了省委领导的高度肯定。之后，杭州还设立了市科技型中小企业融资周转资金，出台了《杭州市天使投资引导基金管理办法》，2015 年更是走出国门，在美国硅谷设立海外孵化器和跨境引导基金，初步构建起国内外协同创新的发展格局。杭州科技金融模式逐渐成形，成为破解科技型中小企业融资难、海外招才引智的全国典范。

然而，发展的道路并非一帆风顺。虽然杭州在创新创业氛围和独角兽企业数量上不逊色于北、上、广、深，但创投领域在规模化、品牌化、体系化和集群化方面仍存在不足，民营创投机构众多却小而散。意识到这些问题后，杭州从 2021 年起在母基金设立上加大力度，并于 2022 年在杭高投基础上成立了杭州市科创集团。该集团承载杭高投推动杭州创投发展的使命。截至 2024 年年底，杭州科创基金累计批复子基金超 230 只，总规模超 700 亿元，投资企业超 2400 家次，投资金额超 350 亿元，撬动社会资本近 600 亿元；科创债权业务累计提供科技担保超 240 亿元，科技转贷近 150 亿元；服务中小型科技企业超 12 000 家次，成功培育 120 家上市企业。

在资本运作上，杭州市科创集团打造了全省领先的基金矩阵。2024 年新增 19 只子基金，批复规模达 121 亿元，还设立首只 2 亿元颠覆性技术成果转化基金，重启机构化直投业务，形成"母基金＋直投＋子基金"协同发展的良好格局。在成果转化领域，集团构建"基金＋平台＋赛事"生态闭环，设立 10 只成果转化基金，规模 64 亿元，其中零磁装备成果转化基金表现突出。集团建成全国首个成果转化大模型"智者"，实现科研机构与企业的数据对接，促成 100 多个转化项目。举办的颠覆性技术创新大赛，通过"发现—培育—转化"机制，落地 12 个项目。在服务创新方面，集团开展"百舸千帆·一月一链"专项行动，创新"企业点菜、管家送菜"模式，为宇树科技、强脑科技等企业提供股权融资，撬动大量社会资本投资，同时通过科技贷款、担保、转贷等方式，为幄肯新材料科技有限公司、星原驰半导体有限公司等企业提供短期流动资金保障。

让我们将目光从杭州转向整个浙江。省产业基金在全省创业生态中扮演着至关重要的角色。2009 年，浙江省设立了 7.5 亿元规模的省创业风险投资引导基金，彼时浙江创投行业已在国内较早起步，这一引导基金旨在引导社会资本进入创业投资领域，解决早期创投资本稀缺问题。它就像一位伯乐，发掘培育了海邦投资、天堂硅谷、赛智伯乐等省内优秀投资机构，带动矽力杰半导体、安恒信息等众多优秀企业成长。这些企业如今已成为相关产业领域的重要链主。

2015 年设立的浙江省天使梦想基金，规模虽只有 5000 万元，但发挥着巨大作用。它定位于天使投资，采用"资助＋期权＋激励"的运作模式，重点扶持余杭区梦想小镇内的创业团队。累计资助 250 家创业企业，助力一批初创企业快速成长。像百应科技这样的独角兽企业，在成立当年就获得梦想基金投资，之后它发展迅猛，员工数量从4人增长到500多人，估值达到30亿元。

2019年设立的浙江省创新引领基金，规模20亿元，重点投向对浙江省经济社会发展有明显带动作用的重大创新项目和企业。截至2024年年底，累计设立25只子基金，总规模90亿元，投资355家科技企业，带动社会资本跟投超500亿元。投资方向以科技型中小企业和高新技术企业为主，且"投早投小"特点突出。比如对臻镭科技和昱能科技的投资，助力两家企业在技术研发和市场拓展上取得显著成果，并成功登陆科创板。

2023年，省政府亲自指挥，浙江金控牵头组建"4+1"专项基金："4"指四大产业集群基金，"1"为专精特新母基金及省科创母基金。目前已设立17只专项基金，总规模725亿元，建成覆盖全省11个地市、重点集群和企业生命周期的千亿元基金群。其中，专精特新母基金和省科创母基金规模达160亿元。省科创母基金各期分别聚焦不同领域，截至2025年1月底，累计投决37只子基金和4个直投项目，投决金额共计27.2亿元，母子基金合计完成投决金额55.49亿元。

省产业基金在支持科创过程中有一系列行之有效的做法。在构建创投生态方面，既支持本土创投机构做大做强，如出资支持普华资本、华睿投资等设立子基金，也积极引入省外优秀创投机构，通过公开征集、遴选等方式，与100多家投资机构合作，其中"4+1"专项基金吸引了达晨财智、荷塘创投等52家省外优秀创投机构。

在管理模式上，一方面强化制度供给，壮大耐心资本。通过延长产业集群基金、专精特新母基金和省科创母基金的存续期，提高省科创母基金对子基金的出资比例上限等措施，引导更多社会资本成为耐心资本。另一方面，强化战略引导和政策目标闭环，鼓励资本"前移"，投资具有发展前景的科技成果转化项目，并通过多种方式确保基金投向符合政策目标。

在全周期扶持体系建设上，省产业基金深度理解浙江创新需求，在科创布局上注重系统和前瞻，聚焦人工智能、机器人等前沿领域。同时，投后服务聚焦科技企业的持续扶持，协同各方为被投企业导入政策、人才、资金等资源，形成常态化走访制度，通过"投贷保担"金融服务平台和"创融桥"平台，为企业提供贷款支持和股权融资机会。例如，蓝箭航天和零跑汽车项目，在省产业基金的持续支持下，取得了显著的发展成果。

浙江的创业生态，是政府引导、市场参与、各方协同奋进的结果。从杭州科技金融的探索实践，到省产业基金在全省范围的布局推动，每一个环节都凝聚着无数创业者、投资者和政策制定者的心血。这里不仅有敢为人先的勇气，更有脚踏实地的努力；不仅有对创新的执着追求，更有对创业者的包容与支持。在这片充满活力的土地上，创业的故事还在继续书写。未来，浙江必将在创新的道路上不断前行，创造更多辉煌。

本土创业投资：从"陪跑者"到"赋能者"

杭州的创业投资早在 20 世纪 80 年代末就开始探索。1993 年，浙江省第一家公司制创投公司——浙江省科技风险投资有限公司

（以下称为"浙科投资"）成立。时任国务委员、国家科委主任宋健亲自为公司题词："创立科技风险投资，发展高新技术产业。"浙科投资董事长顾斌那时刚刚研究生毕业，是他去工商局领取的公司营业执照，由此顾斌也成为浙江省甚至全国最资深的创投老兵。

自 1998 年时任民建中央主席成思危提出《关于尽快发展我国风险投资事业发展的提案》（史称"一号提案"）后，我国风险投资得到快速发展。2000 年，天堂硅谷、杭高投、万向创投、浙江省创业投资集团等公司相继成立。2005 年，上市公司股权全流通改革、创业板开闸，创业投资进入快速发展通道，华睿投资、普华资本、浙科投资、赛智伯乐、浙商创投、银杏谷资本、元璟资本、东方嘉富、安丰创投、科发资本、凯泰资本、道生投资、海邦投资、浙大友创、赛泽资本、宏达君合、盈动资本、天使湾创投、大观资本等一大批创业投资机构脱颖而出，它们各显神通，赋能创业企业。

浙江本土创投资本扮演着不可替代的主角——它们不仅是资金提供者，更是战略伙伴、资源枢纽和成长导师，用"懂行的钱"与"耐心的钱"，为创业者铺就成长之路。

浙江本土创投的崛起，与浙江的民营经济传统息息相关。华睿投资、普华资本、赛智伯乐等机构，大多脱胎于浙商群体的原始积累。与北京、上海等地以国资背景或外资主导的创投生态不同，浙江创投市场展现出高度的市场化：一是民间资金的嗅觉更灵敏，风险意识更强；二是决策链条更短，反应更敏捷，完全以项目价值和市场前景为导向，政府干预极少。这种高度市场化的运作模式，使得浙江创投机构在项目筛选和投后管理上更具灵活性和效率。另外，浙江创投人更擅长"贴身服务"：他们深耕本地产业链条，深谙创业者痛点，熟悉技术转化路径。这种"懂行"的特质在人工智能赛道尤为明显。"杭州六小龙"企业中，至少有 4 家获得过浙江创投机构的投资。

杭州本土创投的发展，得益于政府构建的"3+N"产业基金集群。科创基金、创新基金、并购基金与 N 只行业子基金形成协同矩阵，其中科创基金作为政策性引导基金，重点支持种子期项目；创新基金则由本土机构市场化运作，专注成长期企业。这种"政府搭台、市场唱戏"的模式，既保持了政策引导性，又激发了市场活力。

本土创投的核心竞争力，在于构建"投资 + 资源"的赋能体系。赛智伯乐投资云深处科技时，不仅提供资金支持，更派驻产业顾问团队，帮助企业对接电力系统客户，甚至协调海外技术合作。这种"陪跑式"投资在杭州蔚然成风。

在一众各有所长的投资机构里，我想说说三家投资机构——华睿投资、普华资本和海邦投资的故事，它们映射了一部分浙江本土投资机构的影子。

华睿投资由宗佩民创立于 2002 年夏天，注册资本 60 万元，三个人，两张桌子，一间民房，还是租的。华睿投资是浙江省第一家纯粹意义上的民营创投公司，但宗佩民原来却是地道的体制内人。他早年在省供销社工作，后来在天堂硅谷工作了两年，此后就钟情于创业投资 20 余年。

在华睿投资创立的前四年，募资困难，仅仅依靠做财务顾问与管理咨询业务求生，经历了一段艰难时期。到 2006 年，华睿投资终于募集到 2000 万元小资本，从此一发而不可收。

到 2012 年，华睿投资管理的创投资本已经超过 20 亿元，投资项目达到 60 多个，已经投出了水晶光电、浙富控股、斯达半导体、雷赛科技、英飞特电子、赞宇科技、双枪科技、新化股份、中欣氟材、万兴科技、中文在线等一大批 A 轮项目。作为浙江本土创投代表，华睿投资开始进入福布斯、清科、投中、融中、《证券日报》创投行业排名前 50，创始人宗佩民也开始进入投资人物排名前 50，一家不起眼但起步早的民营创投公司开始崭露头角。

跟浙江许多本土创投机构一样，华睿投资是家有情怀的创投机构，专注于"投早、投小、投科技"。

华睿投资的第一个创投项目是水晶光电，投资于其成长初期，是典型的 A 轮投资，当时其估值不足 1 亿元；经过 20 年发展，水晶光电已经成长为市值 300 亿元的优秀上市公司。类似这样的 A 轮项目，华睿投资投了 150 多家，其中已经上市的企业超过 30 家，创造了许多 A 轮投资传奇。

华睿投资也是最早投资"千人计划"专家的机构之一，早在 2008 年就投资了英飞特电子董事长华桂潮，2009 年又投资了斯达半导体董事长沈华，他们都是第一批海归"千人计划"专家。华睿投资前前后后投资的海归"千人计划"专家超过 60 人，是名副其实的海归创业团队回国创业"接生婆"。

华睿投资的成长还离不开孔小仙这样的天使投资人。孔小仙不仅是华睿投资旗下 37 个创投基金的 LP（有限合伙人），还是数十家创业企业的天使投资人，"杭州六小龙"之一的强脑科技就是孔小仙的天使投资代表作，是她把哈佛大学博士韩璧丞创办的强脑科技引进杭州。孔小仙还创立了浙江图灵算力研究院，集聚与培育的创业团队近百家，有人把孔小仙称为"杭州的天使投资王后"，可谓实至名归。

华睿投资背后有各类民间天使投资人数百人，有的出资可能只有几百万元，有的可能有几千万元，点点滴滴的小钱汇成了浙江资本的巨大力量。余姚企业家郑建立，从事牙刷制造，每年利润千万元。从 2008 年开始，他几乎一个不落地参与了华睿投资旗下的创投基金与科创基金，把制造业辛辛苦苦创造的大部分利润投到了科技创新领域。在宗佩民的老家诸暨，以海越为代表，几十家企业成为华睿投资的 LP，有媒体称诸暨 LP 队伍是华睿投资的资本后援团。在民间资本活跃时期，只要宗佩民在基石投资者群发条微信，一个小时就可以募集一亿元的创投基金。

华睿投资代表了浙江民营创投的拓荒者，普华资本则代表了浙江民营创投可以达到的规模和能力。

2004 年的春天，曹国熊与沈琴华开始酝酿创业。不同于一般同学创办科创公司，他们把目光对准创业投资这个新兴行业，在杭州千年古运河边的联锦大厦播下了普华这颗种子，如今普华资本已经成为浙江省管理规模最大的投资机构。

普华资本成立 21 年来，一直将投资重心置于前沿硬科技领域，致力于"卡脖子"技术产业化。近三年，累计投资项目 184 个，金额超 60 亿元，其中硬科技领域占比近 70%，涵盖半导体、航空航天、先进制造等关键方向。在其管理的 300 多亿元资金中，硬科技项目投资占比逐年提升，形成了覆盖技术研发、成果转化、产业升级的全链条投资生态。2024 年，我应邀参加普华资本成立 20 周年的庆祝和研讨活动，还做了主旨演讲。在我看来，普华资本的经验，一言以蔽之，就是深耕产业，"投早、投小、投科技"，努力做耐心资本。

以半导体领域为例，普华资本已累计投资 40 余家企业，涉及芯片设计、制造、封装测试等产业链环节。通过"行研为先、投研互促"的策略，其团队深入挖掘细分领域技术突破点，成功培育出多家行业龙头企业。如在商业航天领域，普华资本通过系统性行业研究，精准捕捉到星河动力团队的技术潜力，持续注资支持其火箭研发与商业化应用，助力其成为全球第五大商业航天发射企业。

针对科技成果转化周期长、风险高的特点，普华资本探索形成"资本＋产业＋科研"协同模式，构建起"早期孵化—技术验证—规模量产"的全流程赋能体系。2023 年，普华资本与北京航空航天大学房建成院士团队合作设立德清普华磁信基金，首期规模 2 亿元，重点支持零磁医学检测技术产业化。通过"专设基金、精准筛选、投后赋能"三措并举，基金已成功落地 6 个项目，涵盖设备研发、临床应用等环节，其中心磁图仪已进入多家三甲医院临床使用，填补了国内极弱磁场检测领域空白。

此外，普华资本积极联合地方政府打造产业生态。在浙江桐乡，它通过基金帮助政府投资引进佑驾创新、比博斯特、尚元智行、美均电子等 7 家汽车产业链企业落地，其中佑驾创新投资落地一年半时间已实现港股上市，尚元智行获投 3 个月后年产 1 万台的无人物流车智能底盘产线就全面投产，比博斯特填补了桐乡在新能源汽车乘用车底盘领域的空白，美均电子、越达光电、小墨新材、怪星科技实现了当地在汽车电子、车载显示、热管理材料、工具链的强链补链。普华资本还通过基金为当地投资引进了普渡科技、新生纪智能、赛那德、劢微机器人 4 家商业和工业机器人领域的领军企业，不仅填补了桐乡在商业服务机器人和工业配送物流机器人领域的空白，还引来了链主企业：普渡科技作为全球商业服务机器人龙头企业在桐乡的智能工厂即将建成投产，新生纪智能作为全球最具产品力的商业清洁机器人企业更是把总部和生产基地全部落户桐乡。

普华资本坚持"做耐心资本"的投资哲学，注重企业长期价值培育。数据显示，其管理的两期国家中小企业发展基金普华子基金（合计规模 60 亿元）中，早期项目占比达 66%，省级以上专精特新企业占比超 80%。在投资决策中，它建立了"广看精选、白里选一"机制，年筛选项目超 5000 个，最终投资项目 1% 左右，确保资源向高潜力企业集中。

要特别提到的本土创投机构是海邦投资。它的特色是"做好海归创业者的摆渡人"。

2011 年，新一轮科技革命和产业变革蓄势待发，海外人才归国创业的热潮正在涌动。浙江，这片充满活力的土地敏锐地捕捉到这一时代机遇。国内首家提出并践行"支持海归人才创业"投资理念的创投机构——海邦投资应运而生,正式设立以"成功老海归帮扶新海归创业"为主题的风险投资基金。

在那年的北美引才活动上,朱晓康博士的量化投资蓝图还只是PPT(演示文稿)上的几页构想。海邦投资团队敏锐捕捉到这位华尔街精英的技术洞见,以天使投资助力龙旗科技落地杭州。10年后,这家企业已成为资产管理规模超百亿元的量化巨头,连续斩获私募界"奥斯卡"金牛奖。而2013年与陈一友博士的相遇,则让海邦投资的触角伸向癌症早期筛查领域:诺辉健康从幽门螺杆菌自测试剂起步,历经5年打磨,登陆港交所,成为"中国癌症早期筛查第一股",让早期筛查技术惠及千万家庭。

这些案例的背后,是海邦投资连续9年横跨三大洲的"科技寻访":从波士顿的实验室到东京的产业研讨会,团队用飞行里程丈量着全球硬科技的脉搏。截至2024年,其55%的投资精准投向早中期项目,这种早期播种的勇气源自对人才的深刻理解:真正的创新往往始于科学家抽屉里的专利草图。

2016年的医疗器械赛道尚处寒冬,赵中博士的血管介入技术还在动物实验阶段。海邦投资却在天使轮果断注资,更促成归创医疗与通桥医疗合并。8年间,海邦投资陪伴企业穿越22次临床试验,最终见证归创通桥在港交所敲钟,成为神经介入器械的国产替代先锋。2020年,当曹鹏博士带着脑机接口项目佳量医疗叩响海邦投资的大门时,Epicure神经刺激系统仅有3页设计稿。如今,这项技术已在宣武医院完成多例癫痫治疗手术,让"意念控制"不再是科幻电影的专属。

这种"逆周期投资"的智慧，早在 2005 年江丰电子的突围中便已显现。当姚力军博士为溅射靶材国产化四处碰壁时，海邦投资的资金支持犹如及时雨，助力其打破海外垄断，最终成就了一个全球半导体材料的龙头企业。安恒信息的成长史更显传奇：从 G20 峰会网络安全护航到科创板上市，12 年间 5 次注资的背后，是海邦投资对网络安全赛道穿越周期的笃定。

在矽力杰半导体的实验室里，陈伟博士至今保留着 2011 年的首份投资协议。从模拟芯片设计到亚洲市场占有率第一，海邦投资不仅提供资本支持，更推动其与产业链上下游协同创新。中肽生化的蜕变更具代表性：从多肽试剂供应商到全球三强，13 年的持续注资催化出 46 项核心技术专利，即将迎来的港交所上市，将是海邦投资"全周期陪跑"理念的最佳注脚。

这种陪伴的力量，构筑起独特的生态系统：23 家政府引导基金夯实基底，20 余位海归企业家化身创业导师，30 家浙商资本形成接力网络。当矽力杰半导体、归创通桥等被投企业转身成为新基金合伙人时，"人才反哺人才"的飞轮已然转动。截至 2024 年，海邦投资管理的 75 亿元资本，滋养出 22 家上市企业、30 家独角兽企业，140 余家海归创业公司在浙江扎根生长。

15 年，足够让一株幼苗长成一棵乔木。从引进第一个海归团队到构建硬科技生态圈，海邦投资始终相信：最珍贵的创新往往诞生于实验室的孤灯下、初创期的风雨中。当江丰电子的靶材"溅射"出中国半导体之光，当佳量医疗的脑机接口重燃患者希望时，我们看到的不仅是资本的力量，更是一个时代对科技工作者的温柔托举。

华睿投资、普华资本、海邦投资这三家投资机构只是浙江创投的冰山一角，从对"杭州六小龙"之一的云深处科技的投资中可见一斑。

2013 年，云深处科技创始人朱秋国带领团队在机器人世界杯上击败卡内基梅隆大学后，就得到了银杏谷资本创始人陈向明的关注，银杏谷资本立即在位于翁家山的办公室开出投资支票。银杏谷资本在成立之初就确定了"投早、投小、投科技"的战略。

据陈向明描述，朱秋国给人的印象是一个很实在且谦虚的人，叙事不宏大，故事也不动人，但却在四足机器人上展示了强大的控制能力。朱秋国团队用电机替代液压，和中国产业背景和电机发展路径相匹配，结果证明他是对的。

云深处科技的火爆，也带动了社会对其早期资本的关注。其传递的信号不言而喻，投科技要尽早，这是一件正确而难的事情。在"投早、投小、投科技"的方向上，陈向明的挑战来自如何将情怀和商业闭环结合起来。只有商业闭环了，科技才会变成生产力。从投资角度来看，早期投资在公司发展长河中的资金占比微不足道，但其重要性体现在企业于前期资金困难时的关键支持。恰如在影响战役胜败的关键节点，把钱投放到效率最高的环节。

无独有偶，另一家聚焦于技术突破与产业趋势前瞻性判断的投资机构——道生资本（由唯品会天使投资人吴彬创立的创投机构）也只专注早期投资。道生资本也是在媒体报道中嗅到了云深处科技的机遇，主动上门找到朱秋国的。据道生资本投资人回忆，经过投资经理与两位合伙人的三轮深入沟通，投资方最终以专业认知和诚意打动了朱秋国，甚至在原定融资计划外临时增设一轮，成为云深处科技早期的重要支持者。彼时，机器人领域仍以机械臂等固定设备为主导，而云深处科技凭借其四足机器人的移动能力与复杂地形适应性，率先打破了行业固有范式。道生资本认为，这种从"固定"到"移动"的跃迁，标志着机器人自主能力的质变。这恰恰与道生资本从2015年起对自动化替代人工趋势的预判高度契合："自动化设备会逐渐取代人工，从事枯燥重复、环境不友好，以及对稳定性、精度要求更高的工作。"

在道生资本看来，硬科技投资需锚定行业头部。云深处科技不仅在国内四足机器人领域稳居第一，其技术路径更直接对标全球标杆波士顿动力。这种"瞄准前三、锁定第一"的策略，成为道生资本布局机器人赛道的关键支点。

当道生资本以产业视角投资云深处科技时，赛智伯乐创始人陈斌则从更国际化的视角为云深处科技布局、谋划。作为国内最早一批专注于中早期科技创新和模式创新的专业风险投资机构之一，早在2015年，赛智伯乐就在美国硅谷建立了天使孵化基金，同时投资了YC孵化器早期基金。时任YC总裁萨姆·奥尔特曼曾邀请陈斌参加斯坦福人工智能论坛，对赛智伯乐在AI领域的发展战略起到了积极的促进作用。

陈斌十分看好具身智能未来3~5年甚至10年的发展，在国内也投了一大批AI具身智能产业企业。在一次对浙大实验室的跟踪考察中，陈斌认识了朱秋国。后者对于人工智能技术长期执着的投入和独到的认知，以及对市场端的感悟吸引了陈斌。赛智伯乐成为继银杏谷资本、道生资本后投资云深处科技的又一家浙江投资机构，并参与了后续的多轮融资。除了融资，还有"融智"，赛智伯乐用其在硅谷的资源，为云深处科技搭建了更国际化的平台。

这种多方资本接力赋能的格局，不仅仅是从资金上给予企业更多发展的可能性，更是从各自的资源端出发，全方位赋能企业发展，这恰是杭州创业企业与创投机构良好生态的缩影。

站在新起点，华睿投资仍在老浙商资本后援团的支持下绽放新的光辉，普华资本仍在"全产业链"地覆盖投资生态，海邦投资仍在续写"老海归帮扶新海归"的故事。这里还有许许多多和它们一样优秀的创投机构，它们的慧眼和贴身服务，可能会让今天于某个实验室里埋头攻坚的年轻人，在某一天，戴上红领带，敲上市之钟。在这片被资本与情怀共同浇灌的沃土上，每一次破土而出，都在重塑中国创新的高度。

科技金融："浙江范式"

在杭州，科技金融已成为银行的必争之地，也是杭州区别其他城市的一个显著特征。杭州第一家科技专营支行——杭州银行科技支行是 2009 年谋划成立的，市领导亲自将其办公大楼定在滨江区创新大厦，与杭高投及众多投资公司一起办公。当时创新大厦成为杭州科技金融的标志。2023 年 5 月，杭州市科创金融改革试验区启动仪式举行，杭州市政府为第一批 21 家科创金融专营机构授牌，累计授牌 42 家，这标志着杭州市科创金融专营机构已从"树木"

发展成"森林"。

相比于创业投资，科技银行的起步要晚得多。全国第一家科技支行 2009 年在中国建设银行成都高新区支行挂牌，但严格意义上只服务科创企业的第一家科技支行是同年成立的杭州银行科技支行。由此，杭州科技金融体系开始成形。2014 年，我陪同时任科技部副部长、现任广东省省长王伟中调研杭州银行科技支行，他当时说的一句话我至今仍记忆犹新。他说，杭州银行科技支行在全国不算最早，但是办得最好的科技支行之一。

2009 年的银行基本上不服务科创业务，技术听不懂，财务不规范，没有重资产，两三间办公室，五六个年轻人。那时是房地产的黄金年代，政府业务和房地产是银行工作的重中之重，科创只是个边缘业务，大部分银行对其不屑一顾。但在历任杭州市主要领导和相关部门的通力支持下，杭州银行硬是将科技支行打造成杭州银行最亮的名片。

杭州银行科技支行有很多精彩的故事，最精彩的故事或许是贝达药业。2002 年，丁列明博士与其创业伙伴决定将小分子靶向抗癌药项目带回中国，贝达药业正式成立。然而，新药研发的道路并非一帆风顺，贝达药业在研发过程中曾面临资金短缺的严峻挑战。贝达药业创始人丁列明曾这样讲述当年的资金困境："公司急需资金 5000 万元，但当时我们已经欠了银行 3000 万元。（为了项目启动）团队成员有的抵押房产，有的出售个人股票，但这只能维持企业基本运转。"正是在这个关键时刻，杭州银行科技支行深刻理解贝达药业的需求，为其量身定制了信用贷款方案，助力其渡过了难关。

当传统风控模型在创新药物面前失灵时，杭州银行做出了大胆决定：以技术价值替代固定资产抵押，为贝达药业发放首笔信用贷款。这个当时被视为"离经叛道"的决策，不仅拯救了后来市值超300亿元的明星药企，更开启了银行服务科创的1.0时代。此后，丁列明博士不断在各种场合提起杭州银行当年雪中送炭的故事，双方合作不断深化，杭州银行不仅为贝达药业提供了持续的金融支持，还积极参与贝达药业的上市公司并购、产业基金投资、投融资对接，以及行业研究等多领域的合作。

15年间，这家第一个吃螃蟹的银行完成了三次进化：从银政合作的1.0模式，到投贷联动的2.0版本，再到如今数字化驱动的3.0生态。其打造的"科创企业之家"平台如同精密仪器，将2.3万家企业纳入数据库，AI风控模型能在3.2个工作日内完成成长性评估。2024年，其（准）独角兽企业覆盖率高达90%的奇迹，源自对硬科技萌芽的精准识别。它支持的宇树科技、云深处科技、强脑科技、思看科技等行业领军企业，大部分都扶植于微时。当年杭州银行科技支行的第一任行长陈岚、副行长张精科都才30岁出头，正是风华正茂、敢打敢闯的年纪，十几年后，他们都已成长为杭州银行高管。

服务企业于微时，更深层的底气来自与之江实验室等科研机构共研的《科创企业评价规范》——当"技术＋市场"的双轮评估体系成为省级标准，银行的角色已从放贷者升维为创新规则的制定者。截至2024年年底，杭州银行服务科技企业超2.3万户，融资余额突破850亿元，累计投放超过2000亿元，服务企业中95%以上为民营企业，75% 以上为小微企业，首次获得银行贷款的客户占比超过 35%，信用贷款占比超过 30%。

陪伴杭州银行科技支行共同成长的是杭州高科技融资担保有限公司，这家最初资本金只有 2000 万元的小型担保公司如今的年担保额已超 30 亿元，年服务科创企业已超 1000 家。截至 2024 年年底，其已累计为 7425 家次科技型企业提供融资担保贷款约 240.32 亿元。同时，其开发了科技风险池、杭信贷、杭跨贷，以及与国家开发银行合作机制项下的开发性贷款等业务，并支持了安恒信息、迪安诊断、贝达药业、正元智慧、华铁科技、双枪科技、遥望网络科技、广脉科技、禾迈股份、康晟医疗等 17 家企业成功上市。其所扶持企业新入选省级专精特新企业 82 家，国家专精特新"小巨人"企业 60 家，独角兽或准独角兽企业 143 家。其所支持的先临三维、杰华特微电子、德施曼、华普永明、高品自动化、奥展实业等一大批高科技企业已发展成为国内外知名企业，一代又一代的科创企业在其支持下发展壮大，展翅高飞。

杭州联合银行作为扎根杭州本土的农村商业银行，紧随杭州银行科技支行，将支持科技创新作为服务实体经济的核心战略，构建了五大特色服务机制：一是敢作敢为机制，建立科技企业"白名单"和尽职免责制度；二是专业服务机制，培养近 100 名科创金融专业人才；三是生态嵌入机制，在孵化器、科技园区等设立金融服务站；四是伙伴协同机制，与 200 余家创投机构建立投贷联动合作模式；五是数字赋能机制，开发"数智营销"平台，实现企业需求的智能匹配与快速响应，建立了覆盖科技企业全生命周期的金融服务体系，累计服务科技型企业超8700家，提供信贷支持超300亿元，培育上市企业26家。

如杭州谱析光晶半导体科技有限公司（以下简称"谱析光晶"）。成立于2020年，专注于半导体材料的研发。作为一家初创企业，谱析光晶在成立初期面临资金短缺的问题。杭州联合银行作为其最早合作的金融机构，为其提供了100万元的信用贷款。2022年，杭州联合银行在它主办的"科创原动力"投融资路演活动中，成功帮助谱析光晶对接20余家投资机构，助力谱析光晶在成立3年内荣获专精特新企业和准独角兽企业称号。

此外，杭州联合银行还推出了"植树型陪伴式服务"，助力上市企业加快发展。申昊科技自2010年与该行建立合作关系以来，经历了从300万元设备购置贷款到2亿元可转债融资的全周期支持。2022年，杭州联合银行创新推动首单资本市场可转债非标融资业务，审批周期较行业平均缩短40%，为企业成功发行5.5亿元可转债提供了关键支持，推动企业市值较上市初期增长超1倍。

浙商银行作为浙江省本土唯一的股份制银行，在科创金融上也很有特色，特别是人才贷。2016年，浙商银行推出了全国首个以高层次人才作为精准服务对象的"人才银行"金融服务品牌，聚焦"支早、支小、支硬科技"。经过9年的深耕，浙商银行形成了"以人才银行为底座的科技金融服务体系"，以"全周期、全链条、全方位"综合金融服务陪伴科技型企业成长。

浙商银行结合科技型企业全生命周期的不同需求，推出"人才贷""科创积分贷""科创共担贷""科创银投贷"等十五大场景、三十大专属产品体系，精准破解中早期科技企业融资堵点，赋能鲁尔物联科技、杰华特微电子、脉流科技、蓝箭航空等一批"硬核"企业实现技术突破。

浙商银行还以科技园区内企业缴纳水电费、房租等日常费用支出场景为切入点，打通以国内信用证支付水电费和房租的"主动脉"，通过高质量供应链金融服务，切实降低企业经营成本。

截至 2024 年，浙商银行已服务科技企业超 3 万户、融资规模超 3600 亿元，更以对 41 位院士、2000 余位国家级及省部级人才的深度服务，彰显了金融助力高端人才创新创业、支持高水平科技自立自强的担当。

浙江本土银行科技金融的创新探索，让在浙的金融机构纷纷跟进，科技金融在杭州已成燎原之势。2022 年，兴业银行创新推出"技术流"评价体系，从科技创新能力角度对企业的成长和发展趋势进行量化评价，涵盖知识产权、科研实力、创新成果等多个维度，拓宽了科创企业的融资渠道。兴业银行发布了全行首批授牌设立的 50 家科技支行名单，其中杭州分行有 5 家，占全国的 10%。这些支行立足区域，充分发挥"科技企业研发贷"产品优势，为浙江科技创新发展提供全面服务。尤其是半导体、新材料、高端设备等战略性新兴产业，都可以依托专利质押申请"科技企业研发贷"，满足科技型企业研发投入资金需求，实现科技创新成果快速产业化。

杭州华澜微电子股份有限公司是一家芯片企业，虽然没有什么固定资产，但凭借 300 多项专利，通过"技术流"评估拿到了5000 万元授信，把技术软实力变成融资硬通货，不仅拿到了贷款，还加速了国产芯片的研发进程。

兴业银行杭州分行在服务科创企业方面，构建了独特的"四梁八柱"体系，通过总行、分行、地市行和支行四级联动，构建覆盖科创企业全生命周期的服务生态。例如，绍兴的陌桑高科，作为国家级专精特新"小巨人"企业，用300多项专利技术革新了传统养蚕业。

此外，工农中建交五大银行；国家开发行；股份制银行，如中信银行、浦发银行、招商银行；地方商业银行，如江苏银行、南京银行、北京银行、上海银行等；以及浙江本土银行，如宁波银行、温州银行、台州银行、泰隆商业银行等，在浙江这片土地上共同演奏一部科技金融交响曲。各大银行通过创新产品、优化服务、深化合作，不仅为科创企业提供了全生命周期的金融支持，也为浙江的科技创新和经济发展注入了强劲动力。

浙江的科技金融发展也得到了国家层面的高度肯定，2022年，中国人民银行、国家发展和改革委员会、财政部、科技部、工信部、银保监会、证监会、外汇局联合印发了《上海市、南京市、杭州市、合肥市、嘉兴市建设科创金融改革试验区总体方案》。浙江独占两席，这充分显示了国家各部门对浙江科技金融的肯定和支持。

钱塘江的潮水昼夜不息，恰似浙江大地奔涌的科创脉搏，在这片民营经济的热土上，一群金融匠人正以独特的方式重塑银企关系，他们不再是传统意义上的资金供给者，而是创新生态的共建者。从杭州银行的全周期护航到兴业银行的"技术流"革命，四家银行的实践拼凑出一幅金融服务实体经济的"清明上河图"。

"创新磁场"的运行法则：从庙堂到江湖的共振场

在浙江，各类峰会和创新大赛，如同一块块磁石，与以上所描绘的"阳光""雨露""土壤"，共同构建了一个强大的创新磁场，吸引着全球的资源、人才和资本汇聚于此。浙江，正以这些峰会、大赛为纽带，成为全球创新创业的磁场，吸引着更多梦想者在这里扎根、成长、绽放。

万物生长大会：杭州创业生态的催化剂

杭州有个万物生长大会，前几届定在全民植树节举行，现在定在"谷雨"前后，都是春天生发之时。2017年首届会议邀请我参会，我以为是植树节的活动。"杭州六小龙"出圈后，越来越多的人将杭州与硅谷做比较，许多美国人也对杭州这座城市再次有了颠覆性的印象，我也由此想提笔："科创星辉映钱塘，硅谷闻声杭州望。"

万物生长大会这个名字起得巧妙——创业就像自然界的万物生长，既需要阳光雨露，也需要肥沃土壤，更少不了生态伙伴，同时呼应了浙江培育的良好的创新创业生态。而这场大会，恰恰把这些要素都装进了一座"热带雨林"里，让创业企业"恣意生长"。

早些年，杭州靠着"电商之都"的名号吸引了第一批互联网创业者，但随着数字经济浪潮席卷全球，杭州需要的不再是单打独斗的明星企业，而是一个能让创新要素自由流动的生态系统。这时候，万物生长大会出现了。这个从2017年起步的创业盛会，没有浮华的排场，却像一根无形的纽带，把政府、资本、创业者和全球资源拧成了一股绳，让杭州的创业土壤越发肥沃。一年一度的万物生长大会是让杭州创业生态活起来的催化剂。

大会最具影响力的环节之一是"（准）独角兽"榜单——每年梳理并发布杭州创业企业中的独角兽与准独角兽名单。凭借榜单的独立性和公信力，大会逐步发展为杭州创业圈、创投圈、媒体圈乃至各区政府翘首以盼的盛会。很多人都知道"准独角兽"描述的是估值 1 亿~10 亿美元的明日之星，但很少有人知道这个名词是万物生长大会首先提出的。2025 年，值万物生长大会第 9 年之际，它准备推出新的名词——"种子独角兽"，将关注点下沉到估值 1000 万~1 亿美元的种子明星。

不得不说，万物生长大会的年度榜单已成为全球资本掘金中国的藏宝图。

"杭州六小龙"等创业企业集体破圈，《黑神话：悟空》引爆全球游戏圈，宇树科技机器狗被国际科技大咖点赞，Rokid Glasses 被《时代》周刊拿来和 Meta 的智能眼镜对标，等等，它们的成长都被万物生长大会所见证。

以宇树科技为例，在 2025 年的民营企业座谈会上，其创始人王兴兴是最年轻的代表。早在 2022 年，宇树科技就进入了万物生长大会的"准独角兽"榜单。虽然当时它只占据一个小小标识的位置，却是这份权威榜单对其成长的肯定。自 2022 年起，杭州科创基金、杭州创新基金先后参与宇树科技的四轮融资，助力其突破机器人研发的资金瓶颈。这样的故事，在万物生长大会的榜单上还有许多。

万物生长大会让我想起了硅谷的 TechCrunch Disrupt 大会——硅谷最具影响力的创业盛会之一。杭州的创业创新生态与硅谷的差异，恰似西湖的湖光山色与旧金山的海湾浪潮：前者是政策引导与市场活力交织的东方样本，后者是纯粹资本与技术驱动的西方范式。万物生长大会与 TechCrunch Disrupt 的对比，则如同龙井茶与硅谷咖啡：一个由政府、社会组织、媒体和创业者、创投人、金融机构等通力培育的生态交流平台。

还要提到万物生长大会最厉害的一招，就是把杭州的创业故事讲给全世界听。2024 年第八届万物生长大会上，各大洲的合作伙伴见证了"全球生态伙伴计划"的发布。其实早些年，大会的国际板块就人头攒动。一头是，国际资本早就瞄准了杭州这片创业热土，借着大会这个大生态，寻找感兴趣的项目；另一头是，有出海意愿的企业，可以直接对接国际市场和资本。

港交所、新交所带着政策，带着当地资本，连续几年参会，听杭州创业企业路演。创业者刚走下演讲台，就被各路资本围住，这是大会给创业企业带来的真金白银的幸福感。这种"国际朋友圈"效应，让杭州的创业生态不再局限于本土，而是成长为连接全球创新网络的节点。

自 2017 年至今，万物生长大会早已超越了普通行业会议的范畴。它像是杭州创业生态的"年度体检"，既展示肌肉，也把脉问题；它又像是城市发展的"探照灯"，每年照向不同的未来赛道——从前几年的区块链、元宇宙，到如今的 AIGC（人工智能生成内容）、合成生物，创业者跟着这束光，就能找到杭州产业升级的方向。

于是，每年谷雨时节，你可以看见杭州知名投资人在听初出茅庐的创业者表达自己的创业想法，可以看见资深院士侃侃而谈，可以看见外国人说着不太流畅的汉语想进一步了解这座城市的创业生态，也可以看见展位上宇树科技的机器人、云深处科技的机器狗、强脑科技的脑机接口手臂、灵伴科技的智能眼镜……杭州的创业魔力，就藏在这些充满生命力的碰撞里。

高规格峰会：全球资源的"超级链接器"

当我把万物生长大会作为杭州热带雨林式催化剂的典型，盘点浙江其他有名的峰会，还真的盘出不少。如云栖大会、世界互联网大会乌镇峰会、世界青年科学家峰会、良渚论坛等，有的是官方的，甚至是国家级的，有的是民间的，这些会议都为浙江的创业生态注入了源源不断的活力，也为全球创新资源的流动搭建了桥梁。

作为全球科技界的年度盛事，云栖大会自2009年创办以来，已成为中国数字经济发展的风向标。每年，数以万计的科技从业者、企业家、投资者齐聚杭州，共同探讨云计算、人工智能、大数据等前沿技术的应用与未来。

在2024年的云栖大会上，阿里巴巴集团展示了其在人工智能、区块链、量子计算等领域的最新成果，吸引了全球顶尖科技企业的关注。峰会期间，多个创业项目通过路演获得了资本市场的青睐，其中不乏来自浙江本土初创企业的项目。例如，一家专注于智慧物流的杭州企业，凭借其创新的无人配送技术，成功获得了数亿元投资。

云栖大会不仅有前瞻性技术，也有强大的资源整合能力。通过与政府、企业、高校的多方合作，云栖大会为创业者提供了从技术研发到市场落地的全链条支持。这种"政产学研用"的协同创新模式，正是浙江创业生态的核心竞争力。

如果说云栖大会是数字经济的创新引擎，那么乌镇峰会则是智能时代的全球对话。自2014年首次举办以来，世界互联网大会乌镇峰会已成为全球互联网领域最具影响力的盛会之一。2024年的乌镇峰会以"拥抱以人为本、智能向善的数字未来"为主题，吸引了来自全球的政要、企业家、学者共同探讨人工智能、数字经济等前沿议题。

金华市通过"乌镇对话"项目，成功签约了总投资额达19亿元的浙中人工智能产业园项目，吸引了超过百家人工智能企业入驻。乌镇峰会通过设立人工智能专业委员会、启动智库合作计划、年度智能技术大赛及成果发布等举措，为全球创业者提供了技术交流、资本对接、政策支持的全方位服务。这种全球链接的能力，正是浙江创业生态的核心优势。

作为全球青年科学家的盛会，温州举办的世界青年科学家峰会自2019年举办以来，已成为科技创新的未来之光。2024年的峰会吸引了来自71个国家和地区的近800名青年科学家参与。峰会以"汇聚天下英才 共创美好未来"为主题，聚焦"青年创新塑造新质生产力"的年度议题，为全球青年科学家提供了展示才华、交流思想的平台。

在峰会上，浙江本土的科研机构和企业展现了强大的创新能力。浙江大学在峰会上分享了其在磁共振探测技术领域的研究成果，激励青年科学家勇于做"从 0 到 1"的突破。此外，峰会还设立了"万有引力 π"展示交流活动，展示了国内外最顶尖的科技成果，吸引了众多青年科学家、创业者参与。通过设立世界青年科学家联合会、启动青年科技人才培养计划等举措，峰会为全球青年科学家提供了从科研到创业的全链条支持。这种"科技向善"的理念，正是浙江创业生态的核心价值。

作为中国文化创新和国际交流的重要平台，良渚论坛自 2020 年创办以来，已成为全球文化领域的智慧之光。2024 年的良渚论坛以"文化创新与可持续发展"为主题，吸引了来自全球的文化学者、企业家、艺术家共同探讨文化创新的未来方向。在论坛上，浙江本土的文化企业展现了强大的创新能力。一家专注于数字文创的杭州企业，凭借其创新的文化 IP 开发模式，成功获得了数亿元的投资。此外，论坛还设立了"文化创新与科技融合"分论坛，探讨了人工智能、区块链等技术在文化领域的应用。

通过设立文化创新基金、启动文化人才培养计划等举措，论坛为全球文化创业者提供了从创意到市场的全链条支持。这种"文化＋科技"的融合模式，正是浙江创业生态的核心特色。

这些高规格峰会不仅是技术、文化、经济的交会点，更是创业生态的"超级链接器"。这些峰会通过资源整合、资本对接、政策支持等多维度的赋能，为全球创业者提供了从创意到市场的全链条支持。

目前，峰会、论坛、研讨会的问题是比较泛滥。但作为科技、文化交流、展示和传播的重要场所，它们是不可或缺的。关键是弄清为什么要办、解决什么问题、怎么办。除了良渚论坛，其他几个论坛、峰会我都参加过，有的还多次参加。实事求是地说，浙江在筹办这些活动方面是比较审慎、严谨和务实的。我认为，除了办会的动机和目的性比较明确，浙江干部还比较务实：一是善于总结，一届比一届办得精彩有效；二是善于深化拓展，把务虚的事做实，充分利用活动溢出红利，为当地科技和产业发展赋能；三是善于开放办会，民间办的不用说，就是官办的，也尽可能吸引社会力量参加。各种活动的青年志愿者成为一道亮丽的风景线，也带动了全省的公益活动。

创新大赛：从"草根"到"独角兽"的孵化器

浙江近年来通过一系列创新大赛，如中国创新创业大赛（浙江赛区）、浙江省技术需求"揭榜挂帅"大赛、创客中国（杭州赛区）、浙江省先进（未来）技术创新成果评选等，构建了从孵化器到加速器的完整创业生态链。这些大赛不仅为初创企业提供了展示舞台，还通过资源整合、资本对接和产业赋能，推动了区域经济的高质量发展。

中国创新创业大赛（浙江赛区）自2012年启动以来，已成为浙江省规模最大、影响力最广的创新创业赛事之一。2024年第十三届大赛吸引了581家企业参赛，覆盖新一代信息技术、高端装备制造、新材料、生物医药和新能源等多个前沿领域。大赛通过初赛、行业半决赛、行业决赛和总决赛的层层筛选，评选出优胜企业推荐参加全国赛。例如，在2024年的总决赛中，浙江明斯特新材料有限公司荣获初创组金奖，杭州云象网络技术有限公司和杭州瑞普晨创科技有限公司共同摘得成长组金奖。浙江赛区已累计吸引超过11 483家优质企业参与，培育上市企业38家，促成大赛企业投资及银行授信金额超过382亿元。

浙江省技术需求"揭榜挂帅"大赛自2021年启动以来，聚焦关键核心技术难题，通过"企业出题、团队揭榜"的模式，加速科技成果的转化。2023年第八届大赛中，新材料行业现场赛在建德举行，浙江工业大学张俊团队凭借"高功率高安全长寿命短时高频储能技术"解决方案荣获一等奖。该方案不仅提升了钛酸锂电池的能量密度和循环寿命，还降低了电池成本，得到了需求方湖州永兴锂电池技术有限公司的高度认可。这种以需求为核心的赛事模式，不仅解决了企业的技术瓶颈，还推动了"产学研用"协同创新。例如，2023年第八届大赛共遴选了179项技术创新需求，面向全国公开"悬赏"解决方案，最终促成了一批重大科技成果的落地转化。

创客中国（杭州赛区）自2015年启动以来，已成为小微企业展示创新成果的重要平台。2024年大赛初赛在杭州技术转移转化中心举行，吸引了众多高科技企业和创新团队积极参与。大赛通过路演、评审和资源对接，帮助创业者快速融入市场，降低创业风险。杭州某环保科技企业在孵化器的支持下，通过参赛找到了未来发展方向，并成功申报了国家高新技术企业资质。

浙江省先进（未来）技术创新成果评选则聚焦未来产业，如通用 AI、低空经济等领域，为优质项目提供了政策支持和资源保障。杭州高新区（滨江）作为大赛举办地，为获奖企业提供了研发投入、房租补贴、人才房安排等全方位支持，助力企业快速成长。

浙江的各项创新大赛不仅是创业生态的孵化器，更是加速器。它们通过资本、技术和人才的深度融合，推动企业"从 1 到 N"的快速发展。浙江赛创未来创业投资管理有限公司通过联动当地上市公司和民营资本，为海内外高层次人才项目提供早期创投基金支持。这种"资本 + 产业"的模式，不仅加速了科技成果转化，还培育了行业领军企业。

未来，浙江的创新大赛将继续深化"产业 + 资本 + 人才"的融合模式，推动创业生态的可持续发展。随着数字经济、人工智能等新兴产业的快速发展，创新大赛将更加注重源头创新和早期项目的挖掘，为优质项目提供更多资源支持。同时，政府将继续优化营商环境，完善政策体系，为创新创业者提供更加宽松的发展环境。

浙江的创新大赛更是区域经济高质量发展的催化剂。它们通过资源整合、资本对接和产业赋能，构建了完整的创业生态链，为浙江乃至全国的创新创业提供了宝贵经验。未来，随着创新大赛的不断升级，浙江的创业生态将更加繁荣，并为区域经济发展注入新的动力。

第六章

未来战场——新质生产力与全球话语权

我在滨江区居住 15 年之久，经常站在钱塘江畔，望着江潮的壮阔景象，每每都会联想到浙江人的创业创新精神，"勇立潮头"应当是浙江创新的深层逻辑。当午后的阳光穿透云层，在江面上洒下万点金鳞，我仿佛看见 40 年前的浙江商人划着舢板闯天下，又看见今天的科创团队乘着数字化浪潮破浪前行。

　　然而，当我深入思考浙江创新生态时，却又发现了令人深思的另一个现实：浙江的研发经费投入强度低于北、上、深，国家级大科学装置数量屈指可数，原始创新能力与产业转化效率存在明显断层。这就像一位武功高强的剑客，虽招式凌厉却内功不足。浙江的创新突围，既要保持"民营经济活力"的剑锋锐利，更要修炼"原始创新策源"的深厚内功。

　　在当今全球竞争越发白热化、科技发展一日千里的大背景下，浙江唯有清晰地洞察自身存在的不足，才能找到那座指引方向的灯塔，精准地确定前行的路径，从而在创新的汹涌浪潮中乘风破浪，实现更高质量、更为稳健的创新发展。

　　"杭州六小龙"走热之后，浙江各级政府始终保持低调。我几次听到浙江省委书记王浩告诫大家，既要借势借力，又要保持清醒。这是对待成绩和成就的正确姿势。确实，面向未来战场，我们还需要探寻浙江如何在全球科技革命的浪潮中，用制度创新的勇气、开放包容的胸怀、市场配置的智慧，书写属于新时代的创新传奇。

浙江创新生态的挑战与机遇

"金无足赤，人无完人。"虽然浙江在创新领域已经收获了诸多令人赞叹的成果，但倘若我们深入地去探究其创新生态的内在本质便会发现，其中仍然存在一些不容忽视、亟待解决的问题。我同一些朋友在小范围交流中都有一个共识：从表象来看，浙江目前还存在着"四个不高"；若从内在深入剖析，可以总结为"八个不够"。接下来，就让我们一同拨开层层迷雾，深入探寻浙江创新生态中这些亟待破解的谜题。

外在表象："四个不高"

"四个不高"主要体现在：区域创新的地位和能级不高，科技创新的投入和产出强度不高，劳动生产率的水平不高，创新型产业的占比不高。

在区域创新的地位和能级方面。在国家区域创新体系那宏大而复杂的版图之中，国际科技创新中心、综合性国家科学中心以及区域科技创新中心，无疑是最为耀眼的明珠。它们凭借着自身强大的创新实力与卓越的引领作用，成为推动区域乃至全国创新发展的核心驱动力。浙江多年来就有这个雄心壮志，并已确立了这个目标，但实事求是地说，浙江在这一版图中的位置，仍略显单薄。目前，浙江尚处于预备梯队，其创新地位在国际国内先进区域比较中并不突出，要想在竞争中脱颖而出尚需做出巨大的努力。

从创新集群的视角来审视，浙江国家高新区的数量仅为 8 个，与其他省份相比，差距显著。在国家高新区综合榜单中，仅有杭州高新区进入前 10，宁波高新区位列前 20，勉强在 50 强中分得一杯羹，在这场创新的角逐中，显得有些力不从心。

这种数量与综合实力上的差距，严重制约着浙江在区域创新领域的发展步伐。它使得浙江在吸引高端创新资源、会聚顶尖创新人才、开展重大创新项目等方面，都面临着诸多严峻的挑战，难以与那些创新地位更为突出的省份相抗衡，在创新的赛道上极易被拉开距离。

在科技创新的投入和产出强度方面。创新投入，作为科技创新蓬勃发展的基石，其重要性不言而喻，怎么强调都不为过。同时，创新投入是衡量一个地区对创新重视程度的关键指标，反映出该地区在创新领域的决心与力度。浙江的研发经费投入强度为 3.2%，看似不低，然而这一数值仅仅相当于发达国家和地区在 21 世纪初的水平，在全球创新发展的大舞台上，显得有些滞后。与国内其他先进地区相比，差距更是明显得让人揪心。今天的投入就是明天的先进产业，这句话用在科技创新上不仅适用，而且颇为紧迫。在攀登创新高峰的征程中，浙江的起点相对较低，所拥有的创新资源和动力相对不足，在这场激烈的竞赛中，如果不靠持续增加科技投入，极容易处于劣势。从基础研究经费投入占研发经费投入的比重来看，2021 年浙江仅为 4%，低于全国平均水平的 6.5%。基础研究是创新大厦的根基，只有根基打得足够坚实、牢固，创新大厦才能高耸入云、屹立不倒，才能经受住时间和风雨的考验。浙江在这方面的投入差距，使其在基础研究领域的探索相对滞后，由于缺乏足够的资源和投入，因此难以在源头创新上形成强大的竞争力。产业技术的"卡脖子"问题要用力突破，基础研究的"卡脑子"问题也得越来越重视。

从创新成果的维度来深入分析，截至 2023 年年底，浙江每万人口高价值发明专利拥有量为 18.3 件。这一数字与北京的 137 件、上海的 50.2 件、广东的 25.1 件、江苏的 23.2 件相比，差距悬殊，让人不禁感叹。在 PCT（专利合作条约）专利申请量方面，截至 2023 年年底，浙江仅有 4364 件，而广东却高达 2.37 万件，北京为 1.14 万件，江苏是 6547 件，上海也有 6185 件。这些数据，犹如一面面镜子，映照出浙江在创新成果的产出上，无论是数量还是质量，都与先进地区存在差距。

在劳动生产率的水平方面。2023 年，浙江全员劳动生产率为 21.2 万元 / 人。这一数据低于 2022 年长三角地区 21.9 万元 / 人的平均水平，在区域经济发展的大舞台上稍显逊色。深入剖析其结构，会发现第二产业劳动生产率为 19.2 万元 / 人，与江苏的 25.6 万元 / 人、广东的 20.9 万元 / 人相比，差距显著。这说明，第二产业作为浙江的发展引擎，其动力略显不足，无法像其他省份那样，以强大的动力推动经济快速地向前发展。

从增速方面进行考察，2018—2022年，浙江全员劳动生产率增幅为27.3%，低于江苏的34.1%、广东的30.2%。与近年来科技创新引领成效突出的安徽相比，差距更为惊人。安徽在这一时期的增幅高达82.9%，犹如一匹在创新驱动发展道路上疾驰的黑马，令人刮目相看。这表明在劳动生产率的提升速度上，浙江相对较慢，在创新驱动发展的漫漫征程中，未能充分发挥出高效的引领作用。浙江只有加快步伐，调整策略，激发自身活力，才能在激烈的竞赛中脱颖而出。

在创新型产业的占比方面。 高技术制造业作为创新型产业的典型代表，在浙江的发展中未能展现出强大的拉动作用。2023年，全省高技术制造业增加值仅占规上工业的16.6%，与广东的29.4%相比，差距巨大。这反映出高技术制造业在浙江的发展力量薄弱，对整个工业体系所起到的支撑和引领作用不够强大。

近4年来，浙江战略性新兴产业增加值占规上工业的比重维持在33%左右。而江苏、上海等地战略性新兴产业规模占比已超40%。这一对比，清晰地显示出浙江在战略性新兴产业的布局和发展上，已明显滞后于部分先进地区。

从项目投资的角度来审视，2023年，浙江高技术产业投资占比为9.9%，低于广东的13.1%、山东的13.4%、江苏的19%。2024年，在百亿元以上制造业重大项目中，有2/3以上集中在化工、新能源电池、纺织、化纤等行业，而集成电路、生物医药、低空经济等新兴领域依然偏少。这表明浙江在创新型产业的投资布局上，存在着结构不合理的问题。新兴领域的投资力度不足，不利于创新型产业的快速发展。浙江需要重新审视和调整投资策略，加大对新兴领域的投入，优化投资结构，力争在产业发展的棋局中占据有利地位。

内在原因："八个不够"

从内在进行深层次剖析，浙江还有"八个不够"。

第一，企业主导的创新需求传导机制不够健全。 在浙江的创新大舞台上，企业本应是主角，担当起创新主力军的重任，引领创新的滚滚潮流。然而现实却是省内企业在重大科技创新决策中的话语权仍然偏弱，这既有科技管理体制上的问题，也不排除企业自身能力上的问题。

在产学研合作上，企业本应凭借自身对市场需求的精准把握以及强大的资源整合能力，在合作中发挥主导作用。但实际情况是，许多企业无法敏锐地捕捉到市场的细微变化，难以精准把握消费者内心深处的潜在需求。在与高校和科研机构合作时，由于无法将自身的创新需求清晰、准确地传递给对方，双方信息严重不对称，难以形成高效的创新合力。

在重大科技计划项目和重大科技决策的专家组构成中，企业科研人员所占比重偏低，这一现状使得决策对市场实际需求的把握极易出现偏差。在制定产业相关的重大科技项目时，由于专家组中企业科研人员占比过少，决策更多地侧重于技术层面的先进性，而忽视了市场的实际接受程度和企业的生产可行性，导致项目实施后，产品难以推向市场，无法实现预期的经济效益和社会效益。经过

10 多年的探索，浙江科技大市场和知识产权交易中心有许多成功经验和案例，但其作用的发挥需要进一步引起关注和重视。

面向产业需求的科技问题凝练不够精准，大量的创新成果与市场实际需求产生脱节。科研机构耗费了大量的人力、物力和财力研发出的专利技术，实施率却偏低，专利产业化率当然更低，以至精心打造了一批精美的产品，却因为不符合市场需求，只能被束之高阁，无人问津，造成了资源浪费。与之形成鲜明对比的是，广东省大力支持华为联合电子、汽车、装备、家电等重点行业龙头企业，以企业为核心组织产业急需的关键软件攻关。华为充分发挥自身在技术研发和市场洞察方面的优势，精准把握产业需求，成功形成了一批好用管用的成果，有力地推动了产业的升级和发展，让创新成果真正落地生根、开花结果。

第二，原始创新策源能力不够。在当今这个科技飞速发展的时代，信息、生物等领域基础研究转化为现实生产力的周期明显缩短，基础研究已然成为推动产业创新的关键动力。然而，浙江在这方面却略显薄弱。高水平大学、大院、大所、大装置等战略科技力量布局相对匮乏，难以形成强大的创新生态。浙江牵头建设的全国重点实验室仅有 13 家，与上海的 36 家、江苏的 27 家相比，差距一目了然；拥有国家大科学装置只有 2 个，更是远远少于上海的14 个、安徽的 4 个。

以安徽合肥为例，它的全超导托卡马克装置等大科学装置就像神奇的魔法棒，"沿途下蛋"，有力地推动了当地高端医疗器械、创新药等产品创新和产业培育。大量的科研成果从这里诞生，众多优秀的企业在这里崛起。再看广东东莞，散裂中子源等大科学装置的建设，如同强大的磁石，吸引了香港城市大学东莞校区、大湾区大学等一批高等院校和科研机构纷纷落户。这些创新资源的汇聚，为当地新材料、高端装备等产业发展注入了强劲的动能，让东莞在产业发展的道路上一路飞驰。

反观浙江，大科学装置建设起步较晚，创新资源集聚和产业带动效应有待充分发挥。由于缺乏这些强大的战略科技力量，浙江在基础研究领域的探索相对滞后，难以在源头创新上形成强大的竞争力，在与其他地区的创新竞争中容易落于下风。现在，一方面要加快建设已经规划和在建的大科学装置，使之早日运行、发挥作用；另一方面还要根据科技发展趋势，抓紧谋划新的大科学装置，积极争取早日立项。

第三，新型研发机构市场化运作不够。 在经费投入方面，浙江的省级实验室、省技术创新中心等新型研发机构高度依赖财政补助。这意味着它们在很大程度上失去了自我造血的能力，难以在市场的风雨中茁壮成长。而江苏省产业技术研究院则截然不同，10年来，它以每年仅约 7 亿元的省级财政经费支持，布局建设了 80 家研发载体，充分吸引具有技术需求的市场主体投入研发经费，并以"拨投结合"模式支持成果转化，衍生孵化企业 1200 余家。这种模式使得研究院具有强大的自我造血能力，区域创新带动效应也更加明显。

在考核管理上，以校地共建研究院为代表的新型研发机构面临着"多头考核、既要又要""多头管理、疲于应付"的突出矛盾。

这就好比一个人要同时听从多个指挥，无所适从，难以集中精力开展创新工作。由于取向一致、协调统一的绩效评价体系尚未建立，这些研发机构的创新活力被极大地抑制，难以充分发挥出来。浙江有阿里巴巴达摩院这样完全市场化的新型研发机构，但公办、合资的研究机构如何真正成为新型研发机构，仍需更大力度的改革探索。

第四，企业支撑创新发展的盈利能力不够。资金短缺一直是制约民营企业创新的老大难问题。受供需不平衡、"内卷式"恶性竞争的影响，浙江全省制造业企业长期处于增产不增收的困境。规上工业营收利润率从 2020 年的 7.1% 逐年下降至 2023 年的 5.3%，2024 年上半年更是进一步降至 5%，达到了 11 年来的新低。利润的不断减薄，使得企业在创新投入上越发捉襟见肘，难以负担持续增长的创新成本。

传统产业的情况更是不容乐观，营业利润率低于面上工业 0.7 个百分点，研发投入占比低于面上工业 0.3 个百分点，这使得它们转型升级的动力严重不足。新兴产业也存在研发投入不足的情况，生物医药领域表现尤为突出。

第五，耐心资本培育引导机制不够。2023 年，全国新备案私募股权基金 7383 只，国资和政府引导基金 LP 出资额约占 70%。在这场资本的盛宴中，针对国资短期保值增收要求与风险投资长期回报之间的矛盾，广东已经发布科技创新条例，明确提出为国资创投松绑，强化政府引导基金对早期投资的引导。而浙江的国资投资机构，却由于考核周期短、单个项目考核、领导任职周期短、激励容错机制不健全等因素的影响，犹如小心翼翼的跟随者，引领作用未能充分发挥。

在退出渠道建设方面,上海已出台促进股权投资行业高质量发展的若干措施,在并购重组、境内外上市、份额转让、二级市场基金(S基金)、实物分配股票等退出渠道方面展开积极探索。北京更是率先开展私募股权和创业投资份额转让试点,汇聚了一批专业S基金,试点一年就已完成21单基金份额转让,交易金额超34亿元,储备项目规模超600亿元。相比之下,浙江的多元化退出渠道建设有待加快,耐心资本"募投管退"全链条发展基础有待完善。资本难以顺畅地实现投资循环,从而影响了对创新企业的支持力度。

第六,拔尖创新人才的引育和赋能不够。青年科技人才是推动颠覆性创新的有生力量。汪滔26岁创立大疆创新科技有限公司,王传福29岁创建比亚迪,Sora大模型团队由应届博士带队,Mistral AI由三个法国青年科学家创立。这些闪耀的例子无不彰显着青年科技人才的巨大潜力。然而,浙江在这方面却存在诸多不足。人才计划、科技项目对青年拔尖人才的支持仍然有限,部分高校院所拥有的科创资源无法满足其超员招募的科技人才使用需求,却效仿国外成熟的预聘制,对青年科技人才实施6~8年期的"非升即走"政策。这使得青年科技人才压力巨大,难以潜心研究。为了竞争经费,他们不得不找"靠山"、靠"师承",存在不同程度的"跟班式"科研情况,获得担纲机会偏少。

在人才使用方面,高校、科研机构、企业之间人才流动的制度壁垒依然存在,就像一道道坚固的城墙,再加上"玻璃门""旋转门"等现象，这些都阻碍着人才的充分自由流动。这使得人才无法在最适合自己的舞台上发挥最大的价值，创新资源无法得到最优配置，影响了浙江的创新活力和创新效率。

第七，数据要素的赋能作用发挥不够。浙江作为"数据二十条"唯一明确的先行试点地区，本应在数据领域一马当先，成为引领者。然而，现实情况却不尽如人意。在数据交易方面，浙江大数据交易中心每年交易规模不到 1 亿元，而深圳数据交易所交易规模已超 50 亿元，北京国际大数据交易所交易规模也已超 24 亿元，差距显而易见。企业主体对开放数据、参与数据流通仍存在诸多顾虑，场内交易尚未形成规模，大部分数据产品无人问津，大量数据未能转化为现实价值，就像堆积如山的宝藏被深埋地下，无法发挥其应有的作用。

在数据应用上，数据采集标准化、技术标准统一化、政企数据融合等难题仍未解决。数据开发利用方面的创新实践也有待展开，无限潜力还未得到充分挖掘。

第八，市场化、专业化的科技服务生态不够健全。2022 年，浙江全省规上科技服务业营收 2091 亿元，明显低于广东的 3755 亿元、江苏的 3119 亿元。在国家技术转移服务机构数量和专业人才储备上，浙江仅有 25 家、618 人，与江苏的 42 家、2325 人相比，差距明显。促成技术转移项目数量仅为江苏的 32.8%、广东的 41.2%。尤其在新兴领域，尚未形成相适应的专业化服务生态。

以人工智能领域为例，省内梦想小镇、人工智能小镇虽然起步早，但在大模型服务生态上却落后于上海新打造的模速空间。在生物医药等领域，重大公共技术平台建设滞后，在概念验证、中试熟化、检验检测等方面服务能力不足。在新兴领域的科技服务竞争中，需要加快脚步，迎头赶上，才能在创新的浪潮中站稳脚跟。

加快打造教科人一体的创新型载体

在浙江创新生态建设的诸多难题中，我们会发现，教科人一体的创新型载体建设这一核心问题尚未得到实质性的突破。可以毫不夸张地说，抓住了教科人一体，就如同抓住了高水平创新型省份建设的"牛鼻子"，其核心在于打造有效的载体。这些载体包括：省实验室、产业技术创新中心、企业研发机构、产科教融合学院和新型研究型大学。只有把这 5 类载体打造好，才能牵引带动教科人一体贯通。

省实验室：联动高校企业，夯实创新根基

省实验室在创新体系中肩负着开展"从 1 到 10"基础研究的重任，特别是聚焦市场导向的应用基础研究。要让省实验室充分发挥作用，关键在于与高校形成紧密共同体，并与企业建立紧密合作，同时拥有稳定的财政资金支持渠道，且能通过市场化模式推动创新成果转化应用。

实验室与高校结对，打造融合共赢共同体。在全球范围内，国家实验室与高水平大学相互依存的例子屡见不鲜。例如，美国的劳伦斯伯克利国家实验室与加州大学伯克利分校紧密合作，双方在科

研资源共享、人才培养等方面实现了深度融合，共同在能源科学、物理学等领域取得了众多突破性成果。在浙江省，实验室和高校院所同样具有显著的资源互补性。我们可以梳理匹配十大省实验室的研究方向与高校学科发展，积极推动实验室与高校进行战略合作。比如，探索高校牵头建设省实验室的模式，像清华大学牵头建设的清华-伯克利深圳学院，依托清华大学与加州大学伯克利分校的优势学科，在新能源、环境科学等领域开展前沿研究，为区域创新发展提供了强大动力。还可以尝试共建联合学院，这种模式在国外也有成功范例，如新加坡国立大学与耶鲁大学合作共建的耶鲁-新加坡国立大学学院，融合了两校的优质教育资源，培养出了一大批具有国际视野的创新人才。此外，共建科研团队也是不错的选择，通过整合双方科研力量，攻克关键科学问题。通过这些合作模式，将省实验室打造成为高校争创"一流"的协同单位，而非资金、项目的竞争对手，实现融合共赢。

　　人才、研究生与经费要协同共享。为了进一步加强省实验室与高校的合作，要推进研究人员"双聘"。实验室与高校实施研究人员"双聘"机制，实验室的资深研究员同时被聘为高校的兼职教授，高校的优秀青年教师也被聘为实验室的兼职研究人员。实践证明，这样的模式对科研项目合作、人才培养等方面都有积极作用，促进了知识的交流与创新。之江实验室和其他实验室在建设中都有这方面的制度安排，但需要深入研究和解决实施中的问题。从实践看，还要加强研究生资源共用。统筹安排研究生招生计划，对联合培养研究生指标给予单列，探索省实验室和国外高校联合培养博士研究生的路径。比如，上海科技大学与多个国际知名高校开展联合培养博士研究生项目，为学生提供了国际化的科研训练环境，培养出了一批具有国际竞争力的科研人才。此外，还要探索建立实验室科研经费、高校学科建设经费中的科研经费相互流通机制，让经费在双方的科研活动中充分发挥作用，提高科研资金的使用效率。

考核评价机制的改革对于促进省实验室与高校合作至关重要。可以将省实验室与高校合作发表成果的第一署名权让给高校，支持高校将其列入"双一流"建设评价。例如，在某一重大科研项目中，省实验室与高校携手合作，最终取得了重要研究成果。在论文发表时，按照约定将第一署名给予高校，这不仅对高校的学科建设起到了积极推动作用，也激励了更多高校积极参与与省实验室的合作。要用好论文第一作者和第一通讯作者的功能。同时，高校与省实验室开放共享的科研项目、人才培育、成果转化等成果，允许同步算入双方绩效评价。这样一来，双方在合作过程中更加注重成果的共享与共赢，进一步激发了合作的积极性。

探索与企业合作的成果转化模式。在与企业合作推动成果转化方面，可以参照广东松山湖实验室"前沿科学研究＋创新样板工厂"的发展模式。广东松山湖实验室通过建立小试中试孵化平台，与企业合作共建工程技术中心，以技术参股、成果转让、室企合作等方式，成功将多项科研成果落地转化。例如，实验室研发的某新型材料技术，通过与一家企业合作共建工程技术中心，实现了从实验室到生产线的快速转化，为企业带来了显著的经济效益，同时也提升了实验室的科研影响力。支持有条件的省实验室建立类似的小试中试孵化平台，与企业紧密合作，加强实验室技术落地转化，让科研成果真正走出实验室，服务于产业发展。

产业技术创新中心：强化市场运作，引领产业升级

产业技术创新中心聚焦"从 10 到 100"的技术创新，是政府为推动特色产业和块状经济发展，围绕"卡脖子"技术和行业共性技术攻关而建立的创新平台。在各地实践中，其名称多样，如省技术创新中心、创新联合体、产业研究院等。这类载体带有浓厚的政府引导色彩，强调与当地产业集群的协同联动，关键在于提升市场化、生态式运作能力。

借鉴先进经验，提升市场化运作水平。江苏省产业技术研究院在市场化运作方面有着值得借鉴的成功经验。他们建立了市场化的项目评价机制和经费支持方式，面向初创期项目推广"投拨结合"模式。比如，对于某一具有市场潜力的初创期项目，研究院会给予一定的资金投入，同时根据项目的进展情况进行拨款支持。这种模式有效提升了成果产业化能力，许多项目在该模式的支持下成功实现了产业化，为当地产业发展注入新活力。浙江可以借鉴这种模式，建立适合本省的市场化项目评价和经费支持体系，提高产业技术创新中心的市场化运作能力。

组建创新联合体，攻克关键技术难题。聚焦集成电路、新能源汽车、人工智能等对浙江省具有战略意义的产业，支持组建战略任务导向、企业主导的创新联合体。以新能源汽车产业为例，浙江省

可以支持某龙头汽车企业牵头，联合行业上下游企业、高校院所、科研机构组建创新联合体。明确战略任务目标，如攻克新能源汽车电池续航里程短、充电速度慢等关键技术难题，并制订体系化攻关计划。在支持方式上，探索"边执行、边考核、边资助"的里程碑式支持方式。当创新联合体在电池技术研发上取得阶段性突破，如电池能量密度提高到一定标准时，给予相应的资金资助，激励其继续深入研究，推动产业关键技术的不断创新。

加强概念验证与小试中试能力建设。支持有条件的产业技术创新载体建设概念验证中心和小试中试基地至关重要。这些中心和基地重点开展科技成果的二次开发、工艺验证和试生产。例如，某产业技术创新中心建设了概念验证中心，对高校研发的一项新型智能制造技术进行概念验证。经过一系列的实验和分析，验证了该技术在实际生产中的可行性，并进一步对其进行工艺优化。随后，在小试中试基地进行试生产，成功将该技术转化为实际产品，为企业带来了新的利润增长点。同时，要探索概念验证、小试中试与企业孵化、天使投资等功能协同的发展模式，形成一个完整的创新生态链，促进科技成果的快速转化和产业化。

企业研发机构：扩面提质，增强企业创新实力

企业研发机构是企业内部为支撑自身发展而从事技术研发、产品设计、工艺开发和有关技术服务的部门或创新平台。在实践中，企业内部的研究中心、研究所、研究院以及由各级政府授予的企业（重点）研究院、工程研究中心、工程技术研究中心等都属于此类。

企业研发机构建设的关键在于强化企业主导的产学研合作，加强企业内外部创新资源的有机联系和整合，提升企业创新体系的整体效能。

提升企业创新意识，实现规上企业研发机构全覆盖。为了提升企业创新意识，要支持企业建设研发中心、实验室、中试车间、试验基地等研发平台。例如，华为公司在全球建立了多个研发中心，不断投入大量资金进行技术研发，在5G通信技术、人工智能等领域取得了众多领先成果，为企业在全球市场的竞争中赢得了优势。同时，要充分用好研发费用加计扣除等政策工具，鼓励中小企业加大研发投入。比如，某小型科技企业在享受研发费用加计扣除政策后，拿出更多资金投入新产品研发，成功推出了一款具有创新性的产品，市场份额不断扩大。此外，开展企业科技创新系统能力水平评价，形成重点产业链企业创新能力图谱，围绕短板和不足制定针对性政策举措，推动规上企业研发机构全覆盖，提升企业整体创新能力。

支持企业与高校院所共建企业研究院。支持企业联合高校院所、新型研发机构共建企业研究院，建立长期合作机制至关重要。双方可以共享仪器设施：在企业与高校共建的企业研究院中，企业将先进的生产设备向高校开放，高校的科研仪器也供企业研发人员使用，实现资源的高效利用。同时，双方共育人才团队，企业的技术骨干与高校的教师共同指导研究生，培养出既懂理论又有实践经验的创新人才；共同凝练技术需求，联合开展技术攻关、产品研发。在高校院所、新型研发机构的业绩认定和考核评价中，探索增加企业委托的横向课题权重，激励高校院所更加积极地与企业合作，为企业解决实际技术问题。

提升企业在科技创新决策中的话语权。建立领军企业常态化参与省级科技战略决策制度，能让企业更好地将市场需求和产业实际情况反馈到科技战略制定中。例如，在制订某一新兴产业的科技发展规划时，邀请行业内的领军企业参与决策，企业根据自身在市场中的经验和对技术发展趋势的判断，为规划的制订提供重要参考，使科技计划项目更贴合产业实际需求。健全需求导向和问题导向的科技计划项目形成机制，强化从企业和产业实践中凝练应用研究任务。探索将企业研发机构的研发项目纳入各级科技计划体系，让企业在科技创新中发挥更大的作用，增强企业在科技创新决策中的话语权，促进企业创新能力的提升。

产科教融合学院：聚焦重点领域，培育实用人才

产科教融合学院是以高校、科研院所为依托，联合企业、地方政府、开发区（园区）、行业组织等多方主体共同建设的协同育人平台，是破解人才培养与产业需求"两张皮"，培养应用型、技能型人才的主阵地。

聚焦重点领域，精准培养急需人才。在人工智能等重点领域，我们可以建立人工智能学院。以之江实验室、CMOS集成电路成套工艺与设计技术创新中心为依托，推动头部高校、头部科研机构与头部企业联合，培养产业急需的应用型人才。例如，北京大学、清华大学与百度等企业联合成立的人工智能学院，整合了高校的科研资源、企业的实践经验和数据资源，共同制订人才培养方案，培养

出了一批能够直接服务于人工智能产业发展的应用型人才，为我国人工智能产业的发展提供了有力的人才支撑。

支持产业学院建设，服务地方特色产业。立足地方块状经济和特色产业发展实际需求，支持工业强县（市）、产业集聚区与高校科研院所共建产业学院。比如，浙江省诸暨市是著名的袜业之都，当地政府与高校合作共建了袜业产业学院——中国大唐袜艺学院。学院围绕袜业产业技术创新关键问题开展协同创新，共同培养卓越工程师和产业技术人才。学院与企业合作开展新型袜机研发、袜子材料创新等项目，为诸暨袜业产业的升级提供了技术支持和人才保障。

推进"产学研训创"一体化，提升人才培养质量。推动"产学一体"，校企双方共享师资团队。例如，某职业院校与当地一家知名制造企业合作，企业的高级技术工人担任学校的兼职教师，为学生传授实际生产经验和操作技能；学校的教师则定期到企业进行实践锻炼，了解行业最新技术发展动态，共同制订人才培养方案，共同建立实践教学体系。促进"产研一体"，利用应用技术服务平台保障科研成果落地。如某高校与企业共建的产业学院建立了应用技术服务平台，高校研发的新技术通过该平台在企业中进行转化应用，使"研发工程师"和"能工巧匠"紧密结合。确保"产训一体"，依托产教融合平台的真实生产环境，开展"技术技能提升"等培训项目。例如，某产教融合园区为企业员工提供智能制造技术培训，员工在真实的生产线上学习新的技术和操作方法，提升了自身的技术技能水平。助推"产创一体"，设立创客空间，充分利用产教融合平台的设备、技术、师资等优质资源，开展创客活动，推动项目孵化。某产业学院的创客空间为学生创业团队提供了场地、设备和指导，成功孵化了多个创新创业项目，培养了学生的创新精神和创业能力。

新型研究型大学：鼓励社会力量，开拓创新教育

新型研究型大学是由社会力量举办的，以"小而精、研究型、国际化"为办学定位，以创新治理模式、人才培养模式、科研组织形式为突破口，以研究前沿科学技术、培养拔尖创新人才、开展跨学科交叉与自由探索、孕育未来产业为主要使命和特征。

鼓励社会力量投身办学。以更大的开放性支持有实力、有境界、有情怀、有担当的企业家创办新型研究型大学。例如，西湖大学就是由社会力量举办的新型研究型大学，由施一公等一批具有国际影响力的科学家和企业家共同发起创办。在办学过程中，企业家们从注重短期经济利益转变为注重长期社会效益，从直接指挥办学转变为实行现代治学。西湖大学在短短几年内，在科研和人才培养方面取得了显著成绩，吸引了众多优秀学者和学生，为我国高等教育创新发展提供了新的范例。我们要积极鼓励更多这样的企业家参与新型研究型大学的创办，推动高等教育多元化发展。

积极争取国家层面的支持。积极向国家争取，将社会力量办大学纳入国家高等教育总体布局，列入国家高等学校设置规划。这对于新型研究型大学的长远发展至关重要。例如，深圳技术大学在创办过程中，积极争取国家支持，得到了国家在政策、资源等方面的大力扶持，学校得以快速发展，在学科建设、人才培养等方面取得

了良好开端。通过国家层面的支持，新型研究型大学能够更好地整合资源，提升办学水平，为国家创新发展培养更多优秀人才。

加强政策改革突破。探索创新社会力量办大学的政策激励、运行管理机制，在税收、用地、基金、金融等方面给予更多支持。比如，对企业支持教育事业的公益性捐赠支出，按一定比例准予在计算应纳税所得额时扣除。这一政策可以鼓励企业积极参与新型研究型大学的建设，为学校提供资金支持。在用地方面，为新型研究型大学提供合适的土地用于校园建设，保障学校的发展空间。在基金、金融方面，设立专项基金支持学校的科研项目和人才培养，为学校提供多元化的融资渠道，促进新型研究型大学健康快速发展。

省实验室、产业技术创新中心、企业研发机构、产科教融合学院、新型研究型大学，这 5 类创新型载体相互关联、相互促进，共同构建起一个完整的创新生态系统。通过打造这 5 类创新型载体，可以实质性地破题创新源培育，为高水平创新型省份建设注入源源不断的动力，在创新发展的道路上迈出坚实有力的步伐，创造出更加辉煌的成就。

全球化突围：科技创新生态的重塑与进阶

如今，全球经济格局瞬息万变，科技创新的力量越发强大，世界各国和地区都在科技创新的赛道上你追我赶，竞争日益激烈。在这样的大环境下，浙江清楚地认识到，若想实现全球化突围，就必须进行科技创新生态的重塑与进阶。作为浙江创新生态的亲历者，我目睹了这片土地上无数创新火花的闪耀。那些在实验室里日夜钻研的科研人员，在创业园区里激情奋斗的创业者，以及为创新发展默默奉献的人，都是浙江创新生态的建设者。那么浙江应如何在重塑与进阶中实现全球化突围的目标呢？

大力布局新兴和未来产业，构筑创新发展的载体平台

战略性新兴产业和未来产业的特点是：创新活跃、技术密集、价值高端且前景广阔，毫无疑问是引领未来发展的新支柱与新赛道。对浙江而言，若要在新兴产业培育壮大以及未来产业前瞻布局上取得重大突破，就必须在重点集群建设、载体平台培育以及制度环境优化这三大关键领域精准发力，从而抢占发展先机，塑造独特的发展优势。

首先，要培育建设战略性新兴产业集群。浙江大力发展以先进制造业为主体的战略性新兴产业，精心构建起梯度化的集群培育体系。在这个体系中，杭州市的信息技术服务、生物医药以及宁波市的新型功能材料这三个国家战略性新兴产业集群，正朝着世界级集群的目标奋力迈进。

与此同时，浙江积极培育杭州城西科创大走廊人工智能、德清北斗地信、海宁第三代半导体、空天产业（无人机与卫星互联网）、未来网络（6G）、中国眼谷眼健康、宁波柔性电子和绍兴市越城区第三代半导体等具有显著比较优势的省级未来产业先导区。以宁波柔性电子为例，当地政府出台了一系列优惠政策，吸引了大批相关领域的高端人才和企业入驻。此外，浙江还以前瞻性的眼光谋划培

育一批潜力集群，为未来产业发展储备力量。

其次，积极抢抓未来产业新赛道布局机会。立足未来发展方向和自身优势，积极布局人形机器人、氢能与储能、合成生物、量子信息、元宇宙等未来产业；在人工智能领域，要立志打造全球人工智能产业创新高地。目前杭州的人工智能小镇，已会聚了大量人工智能企业和科研团队。

在地理信息领域，要致力于成为全球地理信息重要枢纽。湖州的地理信息小镇，依托丰富的地理信息资源和先进的技术，吸引了众多地理信息企业集聚。这些企业在这里开展地理信息数据采集、处理、分析等业务，为智慧城市建设、精准农业、智能交通等多个领域提供了强有力的支持。

在生物制造方面，浙江要努力打造全国生物制造标杆集群，推动一些企业在生物制药、生物材料等领域取得重大突破。浙江还可以在全国脑机接口产业创新高地、全国深远海风电示范基地等领域积极布局，努力打造一张张亮丽的产业"金名片"。

再次，研究发布新质生产力应用场景清单。结合浙江产业发展、城市治理、民生服务等实际情况，研究发布新质生产力发展的需求清单、推荐清单，为科技创新搭建桥梁，为各类创新成果的融合应用提供宝贵的合作机会，也为前沿技术的突破提供实用的验证工具，更为新业态新模式的培育提供精彩的展示平台。

在人工智能领域，积极谋划打造一批标杆场景和项目。例如，在杭州的一些智能工厂里，人工智能技术被广泛应用于生产流程优化。通过对生产数据的实时分析，智能系统能够及时调整生产参数，提高生产效率，降低次品率。在自动驾驶领域，浙江的一些城市开展了自动驾驶公交车试点项目。这些公交车配备了先进的传感器和自动驾驶系统，能够在特定的线路上安全行驶。通过实际运营，不断优化技术，为未来自动驾驶技术的大规模应用积累经验。

在生物制造方面，浙江的一些企业利用生物制造技术开发了新型食品和材料。在低空经济领域，浙江正积极探索低空物流配送、低空旅游等应用场景。一些企业开展了无人机物流配送试点，为偏远地区的居民提供便捷的物流服务。通过这些场景应用，不断促进相关产业生态的培育和发展。

建立"边孵化边调整"的市场引导制度。对于新技术、新产业、新业态、新模式和新场景，秉持包容审慎的态度，量身定制更加灵活的规则与标准。在知识产权保护方面，健全新领域新业态知识产权保护制度，为创新成果保驾护航。

大胆探索"沙盒监管"和触发式监管等新型监管模式。如针对生物制造环境评价保守、脑机接口审评审批困难、低空经济空域管理限制等堵点卡点问题，加强跨部门协调，积极向上争取支持，并勇于推动各类改革政策先行先试。在生物制造领域，为解决环境评价保守的问题，可以组织相关部门和专家进行深入研究，制定更加科学合理的环境评价标准，既保障环境安全，又促进生物制造产业的发展。在脑机接口领域，积极与国家相关部门沟通，争取在审评审批方面的创新政策，为脑机接口技术的研发和应用创造良好的政策环境。在低空经济领域，通过与空管部门合作，开展空域管理改革试点，探索更加灵活的空域使用方式，推动低空经济的快速发展。

最后，提升园区平台的新质生产力承载能力。浙江的高新区、经济技术开发区、"万亩千亿"新产业平台、未来产业先导区、特色小镇等园区平台，在培育新兴产业和未来产业的征程中发挥着引领作用。这些园区平台明确差异化的功能定位，引导企业聚焦主导特色产业，实现链群式发展。

以某高新区为例，这里重点发展集成电路产业，园区内集聚了芯片设计、制造、封装测试等上下游企业，形成了完整的产业链。一家芯片设计企业，可以与园区内的制造企业紧密合作，根据制造企业的工艺特点进行芯片设计，实现了芯片性能的优化。同时，园区还可建立与高校、大学科技园、孵化器、加速器等创新载体的紧密协同机制。高校为企业提供源源不断的创新人才和科研成果，孵化器和加速器则帮助初创企业快速成长。此外，园区还可优化检验检测、研发设计、技术转移、知识产权等生产性服务业支撑。通过这些举措，园区成为浙江培育新兴产业和未来产业的关键载体。

推进科技金融体制改革，构建科技产业金融良性循环

浙江坚定不移地锚定全球先进制造业基地建设目标，积极推动科技、产业、金融深度融合，努力构建与科技创新和产业发展相适应的科技金融体制。这一体制犹如一台强大的引擎，以金融创新为动力，牵引着新技术持续投入产业体系建设，推动战略性新兴产业发展、未来产业培育和传统产业改造提升，助力浙江构建富有竞争力的现代化产业体系。

积极推进科创金融改革试点。以杭州、嘉兴国家科创金融改

革试验区建设为契机，浙江全省域掀起了科创金融体制改革的热潮。在这个过程中，浙江积极探索覆盖科技创新全链条和科技型企业全生命周期融资需求的新模式、新机制、新路径。例如，探索建立科创银行等专门服务科技创新型企业的金融机构。某科创银行针对科技型企业轻资产、重研发的特点，创新推出了知识产权质押贷款产品。一家专注于软件开发的科技型企业，凭借其拥有的软件著作权，成功从科创银行获得了贷款，解决了企业研发资金短缺的问题，推动了企业的快速发展。

同时，浙江引导银行业金融机构根据科技型企业特点优化知识产权质押、商标权质押等贷款产品，推广产投联动、投贷联动等新型融资模式。一家投资机构与银行合作，对一家具有潜力的新能源企业进行投资。投资机构通过股权投资获取企业股权，银行则为企业提供贷款支持。在企业发展过程中，投资机构和银行密切合作，根据企业的发展情况提供持续的资金支持，帮助企业迅速扩大生产规模，提升市场竞争力。通过这些举措，浙江加快形成了以股权投资为主、"股贷债保"联动的金融服务支撑体系。

强化"耐心资本"的培育引导和制度支持。为了鼓励资本长期投资科技创新领域，浙江制定出台了"投早、投小、投科技"的激励政策。例如，建立省级创业投资引导基金、天使投资引导基金，并完善政府基金的市场化运作机制。某省级创业投资引导基金通过参股的方式，引导社会资本投资于早期的科技创新企业。一家专注于人工智能领域的初创企业，在省级创业投资引导基金的支持下，吸引了多家社会资本的投资，获得了充足的资金用于技术研发和市场拓展，企业发展势头迅猛。

浙江还引导各类机构、资本坚持长期主义，提升投资决策专业化水平，探索放宽社保基金、保险资金、养老基金等投资领域限制，同时，完善创业投资基金考核、容错免责机制，探索对国资创业投资机构采取"长周期""算总账"等考核办法。某国资创业投资机构在投资一家科技型企业时，初期企业发展遇到了一些困难，但由于实施了"长周期""算总账"的考核办法，投资机构没有过早退出，而是继续支持企业发展。最终，企业成功突破技术难题，实现了快速发展，为投资机构带来了丰厚的回报。

此外，浙江充分发挥区域性股权市场及专精特新专板功能，开展私募股权投资和创业投资份额转让试点，拓宽创业投资退出渠道。通过这些举措，为创业投资提供了更加完善的退出机制，促进了创业投资行业的健康发展。

加大对科创型企业并购重组的金融支持。浙江大力支持发展并购基金，加强重点产业链上下游创新资源整合。例如，某并购基金专注于集成电路产业链的整合，通过收购一些具有核心技术的小型企业，将其技术与产业链上的大型企业进行融合，实现了资源的优化配置，提升了整个产业链的竞争力。

鼓励金融机构为并购重组及后续运营提供并购贷款、并购保险、并购债券等金融产品，扩大科技创新领域并购金融产品的投放。例如，一家金融机构为一家科创型企业的并购项目提供了并购贷款，帮助企业顺利完成了对另一家企业的收购，同时还为企业提供了并购保险，降低了并购过程中的风险。此外，浙江支持符合条件的上市公司通过发行股票或可转债募集资金并购科创型企业，进一步促进了科创型企业的并购重组，推动了科技创新资源的优化配置。

推进开放创新体制机制改革，用好国内国外两方面创新资源

在全球科技竞争日益激烈的大背景下，掌握关键核心技术对于一个地区的发展至关重要。虽然自主创新是关键，但这绝不意味着要关起门来搞创新。只有坚持引进来与走出去相结合，主动融入全球科技创新网络，才能在开放创新中培育核心技术的自主创新能力。

探索关键核心技术攻关新型举国体制的浙江路径。要积极优化科技计划管理，开展重大任务牵引的有组织科研。例如，在集成电路领域，浙江针对芯片制造的关键核心技术难题，组织省内多家高校、科研院所和企业进行了联合攻关。通过整合各方资源，明确任务分工，形成了强大的科研合力。在项目实施过程中，加强前瞻性、引领性重大科技项目布局，加快取得一批重大标志性科技成果。一家参与攻关的企业，在团队的共同努力下，成功突破了芯片制造的一项关键工艺技术，提高了芯片的生产效率和质量，为我国集成电路产业的发展做出了重要贡献。

同时，浙江建立符合颠覆性技术创新特点和规律的项目发现、遴选和资助机制。探索以项目经理为核心的项目组织模式，赋予项目经理更大的自主权，提高项目决策的效率。建立开放灵活的项目挖掘和评审机制，广泛征集创新项目，并邀请国内外专家进行评审，确保项目的创新性和可行性。采用"广撒网、深扶持"的资助方式，对有潜力的项目给予持续的资金支持。此外，浙江还建立健全科研项目容错免责机制，鼓励科研人员大胆创新，勇于尝试，为关键核心技术攻关营造了良好的创新氛围。

加强与国内创新资源的对接合作。围绕集成电路、人工智能、生物医药等符合国家战略需求和浙江未来发展的关键领域，浙江创新重大科研任务联合攻关机制，跨区域组建创新联合体，支持区域龙头企业牵头共建技术创新联盟。在人工智能领域，浙江的一家龙头企业联合长三角地区的多家高校、科研院所和企业，组建了人工智能创新联合体。联合体成员单位发挥各自优势，共同开展人工智能关键技术研发、人才培养和应用推广。在研发过程中，通过共享数据、技术和设备等资源，大大提高了研发效率，取得了一系列重要科研成果。

浙江还主动对接国家实验室，优化"总部＋基地＋网络"共建机制。积极参与国家实验室的科研项目，借助国家实验室的强大科研实力，提升自身的科技创新能力。例如，某高校与国家实验室合作，参与了一项前沿科研项目，通过合作，该校科研人员的科研水平得到了显著提升，为学校相关学科的发展注入了新的活力。

此外，浙江建立健全"科创飞地"管理体系和工作机制，强化跨区域科技和产业精准合作。通过在外地设立"科创飞地"，吸引当地的创新资源，实现异地孵化、本地产业化。例如，浙江的某高新区在上海设立了"科创飞地"，吸引了一批上海的高端人才和创新项目。这些项目在"科创飞地"进行孵化，成熟后再转移到高新区进行产业化，促进了高新区的产业升级和创新发展。

支持企业走出去，用好全球创新资源。要鼓励有实力的企业勇敢地走出去，设立海外研发机构，深度链接当地人才团队、高技术企业、高校及研究机构，集聚全球技术、人才、资本、信息等资源，抢占相关产业创新发展制高点。例如，浙江的一家汽车制造企业在德国设立了研发中心，吸引了一批德国顶尖的汽车设计和制造人才。研发中心利用当地的先进技术和资源，开展新能源汽车技术研发，通过与当地高校和科研机构合作，成功研发出一款高性能的新能源汽车电池，提高了汽车的续航里程和性能，使企业在全球新能源汽车市场竞争中占据了有利地位。

营造国际化科研创新环境。依托深时数字地球（DDE）国际大科学计划的落地实施，浙江建立起重大科技基础设施和平台向全球科学家开放使用的机制。例如，浙江的某大型科研平台，向全球相关领域的科学家开放，吸引了众多国际顶尖科学家前来开展科研工作。科学家们在这里利用先进的科研设备和丰富的数据资源开展前沿科学研究，取得了一系列具有国际影响力的科研成果。

浙江还开展开放创新生态改革先行先试，加快推动科研信息双向开放、科研设施平台对外开放、科研物资跨境流通、科研经费跨境使用、外籍科研人员出入境便利等制度创新。在科研信息双向开放方面，建立了科研信息共享平台，促进国内外科研信息的交流与共享。在科研设施平台对外开放方面，制定了详细的开放管理办法，吸引了更多国外科研团队前来合作研究。在科研物资跨境流通方面，简化了审批流程，提高了物资流通效率。在科研经费跨境使用方面，探索创新的经费管理模式，为科研合作提供了资金保障。

在外籍科研人员出入境便利方面，推出了一系列优惠政策，吸引了更多优秀的外籍科研人才来浙江工作，提升了创新资源要素国际化配置效能。

建好用好融入全球创新网络的合作平台。浙江充分发挥联合国全球地理信息知识与创新中心、联合国统计大数据和数据科学全球中心、温州世界青年科学家峰会、宁波诺丁汉大学、温州肯恩大学等国际创新平台、高端峰会以及合作高校的作用。例如，温州世界青年科学家峰会作为一个重要的国际科技交流平台，每年吸引了众多国内外顶尖科学家、企业家和创新人才会聚一堂。在一次世界青年科学家峰会上，一位国外科学家分享了其在人工智能领域的最新研究成果，为浙江的科研人员带来了新的思路和启发。会议还促成了多个国际科技合作项目，推动了浙江与全球科技创新资源的深度融合。

当我们合上浙江创新生态的全景画卷，眼前浮现的不仅是数据图表中的增长曲线，更是一幅充满生命力的创新图谱。从杭州人工智能小镇的脑机接口实验室到温州乐清的智能电气产业集群，从嘉兴南湖的科创金融试验田到衢州的未来产业先导区，浙江正在用独特的创新范式，在全球科技竞争的未来战场抢占先机。

这种创新范式的核心，在于构建"四维生态体系"。以省实验室为原始创新核，激活基础研究的源头活水；以产业技术创新中心为转化加速器，打通科技成果到市场价值的最后一公里；以企业研发机构为创新发动机，让市场需求成为技术迭代的指挥棒；以新型研究型大学为人才孵化器，培育面向未来的创新尖兵。这就像打造一艘创新航空母舰，既有强大的动力系统，又有精准的导航体系，更有灵活的作战单元。

回望过去，浙江人用"四千精神"创造了民营经济的奇迹；展望未来，浙江的"四维生态"必将孕育出更具爆发力的创新动能。

在这个充满不确定性的时代，浙江的创新密码告诉我们：真正的竞争力，在于将压力转化为动力的智慧，在于将危机转化为机遇的勇气，在于将梦想转化为现实的行动力。当科技革命的浪潮再次涌起，浙江正以弄潮儿的姿态，书写属于新时代的创新史诗。

结语

浙江范式的启示——没有奇迹，只有生态

浙江的"科创雨林"生态公式

站在杭州未来科技城的顶楼远眺，阿里云总部的玻璃幕墙折射着夕阳的余晖，与梦想小镇的创客空间交相辉映。这看似平常的一幕，却是浙江创新生态的生动缩影：政府规划的"阳光"、市场培育的"土壤"、人才会聚的"种子"、创业文化的"气候"，共同构成了滋养创新的"热带雨林"。当我们将浙江的发展轨迹浓缩成一个公式，赫然发现：

成功＝政府（阳光）× 市场（土壤）× 人才（种子）× 文化（气候）

这个公式，不是简单的要素叠加，而是金木水火土相生相克的生态哲学。

政府是阳光：既不能太过灼热灼伤幼苗，也不能过于微弱导致营养不良。浙江的"有为政府"深谙此道：在杭州城西科创大走

廊，政府划出 398 平方千米的创新特区，但绝不搞拉郎配。之江实验室在建设过程中，政府提供启动资金和用地保障，却将科研方向选择权交给科学家委员会。这种"阳光雨露"式的支持，让实验室的新一代极弱力测量科学装置的核心性能指标达到全球最高水平。"政府要做创新生态的园丁，而不是园丁手里的剪刀。"这句话就是最好的诠释。

市场是土壤：在义乌国际商贸城，现有商位 7.5 万个，商品 210 多万种。当传统商户还在为订单发愁时，一米百货在西班牙、葡萄牙、智利、墨西哥等国家已经布局了 5 个海外仓，总面积超 8 万平方米。这种市场活力的背后，是浙江 1095 万户市场经营主体构成的创新网络。2024 年，浙江数字经济核心产业增加值突破 1.1 万亿元，正是市场土壤中生长出的创新硕果。

人才是种子：在宁波鄞州人才公寓，来自乌克兰的专家与本地企业家喝茶谈合作的场景屡见不鲜。浙江的"鲲鹏行动"计划，不仅引进顶尖人才，更注重让种子在适宜的环境中发芽。2024 年，全省人才资源总量超 1500 万人，其中青年人才占比 62%。这些种子在浙江的创新土壤中生根发芽，创造出平均每天诞生 160 项发明专利的奇迹。

文化是气候：在台州温岭的泵业小镇，民营企业主们依托泵业创新服务综合体、泵业小镇技术中心等平台，自发组建并提供技术难题解决方案。这种敢为天下先的浙商精神，与低调务实的学术氛围形成奇妙共振。当杭州的程序员在深夜讨论区块链技术时，温州的鞋企老板正用 AR（增强现实）技术改造生产线——这就是浙江创新文化的独特气候。

致中国创新者：长期主义与黑暗森林法则

从"拼政策"到"拼生态"：某中部省份用亿元补贴吸引科技企业，结果 3 年后企业因产业链断裂纷纷撤离。而浙江的新昌，却通过建立工程师协同创新中心，整合创新服务综合体、科创服务中心、科技企业孵化器等平台资源，会聚了超过 300 名国内外轴承产业领域的工程师，每年解决关键技术难题 20 多项，获得专利 100 多项，发布技术需求和科技成果 500 多项。这印证了一个真理：短期政策刺激如同激素，长期生态培育才是良方。浙江构建创新生态的实践表明，新质生产力的培育绝非技术单兵突进，而是政策、产业、要素和文化的系统重构。

黑暗森林法则的启示：在人工智能领域，浙江企业没有选择与巨头正面竞争，而是构建起"基础研究—技术开发—场景应用"的完整生态。当某科技公司在语音识别领域陷入专利纠纷时，杭州的一家初创企业已通过脑机接口技术开辟新赛道。这启示我们：在技术博弈的黑暗森林中，单打独斗终将被淘汰，唯有构建生态优势才能生存。

拒绝急功近利：2020 年，某新能源企业因盲目扩张陷入困境，而浙江的另一家企业却将利润的 30% 持续投入固态电池研发。3 年后，前者黯然退场，后者成功实现技术突破。这种"功成不必在我，功成必定有我"的长期主义，正是浙江创新生态的底色。

致谢与展望：中国答案的浙江实践

在本书付梓之际，我要特别感谢那些在创新一线奋斗的人：凌晨 3 点还在调试代码的程序员、在实验室重复实验的科学家、在车间改造设备的工程师，还有那些在田间地头推广智慧农业的新农人。正是他们的汗水，浇灌出浙江创新的累累硕果。

当我们将目光投向未来，浙江范式的启示越发清晰：拼政策不如拼生态，比补贴不如比土壤。在丽水的数字经济新区，"生态产品价值实现机制"正在改写绿水青山的价值公式；在嘉兴的氢能产业园区，"绿氢＋"模式正在重塑能源革命的路径。这些创新实践告诉我们：中国的创新答案，不在实验室的论文里，而在市场与科技深度融合的生态进化中。

站在新的历史方位，浙江的创新突围具有特殊意义：当全球产业链重构时，浙江用"地瓜经济"的开放姿态，在海外布局"科创飞地"；当数字化转型成为必答题时，浙江以"产业大脑＋未来工厂"的组合拳，让传统制造业焕发新生；当绿色低碳成为新趋势时，浙江的"零碳技术实验室"正在改写能源革命的剧本。

此刻，我想起 40 年前的温州街头，修鞋匠南存辉开始创业时，4 个人没日没夜地干了一个月，赚来的第一笔钱只有 35 元，如今他的企业已成为全球电气行业的领军者。这个故事揭示了浙江创新的真谛：没有奇迹，只有生态。当政府、市场、人才、文化形成良性循环，创新就不再是神话，而是生态进化的必然。

谨以此书献给所有在创新道路上执着前行的中国奋斗者。愿我们共同见证，在这片充满希望的土地上，更多"浙江奇迹"正在发生。

跋

　　此书马上要付梓了，此时我才感觉松了一口气。

　　这一个月，对我来说是个很大的考验。没有中信出版集团的真诚邀请，我压根儿不会去做这件可能吃力未必讨好的事。与其说是出版社同志说服了我，不如说是他们对中国和浙江科技创新的热情和信任感动了我。

　　靠我一个六十有五的退休老人，又是在短短的一个月时间内，是不足以完成这么大篇幅的书稿的。好在工作中结识了许多志同道合的朋友，是他们在帮助我。书中的"我"，既是我，因为都是我的真实经历，更是我们，这里有创业者，有创投家，有媒体记者，当然还有科技管理机构的同志。微链科技的蔡华、《科技日报》浙江记者站的江耘、杭州市创投协会的周恺秉与桑书田、浙江科技宣教中心的费必胜和浙江大学管理学院科技创业中心的张登攀等直接参与了本书的策划，并承担了相关章节的撰写。这是一个集体创作，没有他们的智慧和劳动，凭我的一己之力是难以胜任的。还有一个情况，近期各方面都十分关注浙江科技创新，有许多相关的科创评论，给我不少启发，也要致谢，但恕不一一点赞。

　　这里，还要特别感谢中信出版集团董事长陈炜对此书的关心。

财经事业部总经理赵辉和主管李怡霏专程来杭商量，并全程给予了高效优质的指导与服务。编审老师的专业和细致严谨的作风，也让我明白了出版社如何在当今激烈的市场竞争中赢得成功。中信出版集团应当是个好案例。

最后，我还要感谢我夫人一如既往的理解、关心和鼓励。她说，周国辉，你是过来人，有责任予以客观真实的记录。这句话分量很重，是强大的动力。

书是写给读者看的，应由读者评判。请广大读者阅读并批评指正。

2025 年 4 月 2 日于紫荆